쉽게 접하는
미술심리 진단 평가

이현주

쉽게 접하는
미술심리 진단평가

초판 1쇄 인쇄 2022년 6월 25일
초판 1쇄 발행 2022년 6월 30일

지은이 이현주
펴낸이 백유창
펴낸곳 더테라스

신고번호 제2016-000191호
주 소 서울 마포구 양화로길 73 6층
Tel. 070-8862-5683
Fax. 02-6442-0423
seumbium@naver.com

ISBN 979-11-979568-0-5

값 15,000원

목차

I. 미술심리진단의 이해

1. 미술심리진단평가의 정의

■ 들어가기에 앞서
- 예술매체는 언어적 의사소통을 넘어 원시적이거나 감각적인 것, 감정, 직관이 담긴 메시지를 전달
- 미술은 시각적인 이미지를 사용하는 의사소통 수단
- 생각과 사고를 드러내며, 감정과 느낌, 표현하고자 의도/의도하지 않은 것, 무의식적인 것을 표현

■ 미술심리진단의 정의
- 미술심리진단은 미술작업을 통해 검사 받는 사람의 심리상태를 평가하는 것

- 진단이라는 용어 대신 미술심리평가, 미술치료평가 등의 명칭을 사용
- '진단'이란 용어는 환자의 병 상태를 판단하는 것
  - 병형을 분류, 병의 원인을 밝히거나 경중을 평가하고 예후를 예측하는 것 까지 포함
  - 이 과정에 의사 임상심리사, 사회복지사, 미술치료사, 놀이치료사 등 각 분야의 전문가들이 참여하여 의견을 수렴
  - 최종 병명은 의사만의 고유 영역임
- 미국의 경우 그림을 통한 심리상태의 평가를 지칭할 때 'assessment(평가)'라는 단어를 사용
- 미술을 통한 심리상태 평가방법은 'art therapy assessment'로 미술치료평가가 됨

● **미술치료평가의 정의 (미국 미술치료협회)**
"전문적인 미술치료사가 미술과제와 언어적 과제를 결합해서 내담자의 기능수준을 평가하고 치료목표를 정하며 내담자의 강점을 평가하고 현재 문제에 대해 더 깊이 이해하고, 내담자의 변화과정을 평가하는 것이다"

- 피검자를 평가하고 이해하는 다섯 가지 영역
  ① 기능수준
  ② 문제에 대한 이해
  ③ 강점
  ④ 치료목표
  ⑤ 변화과정

- 그림 한 장으로 피검자의 문제만을 찾아내려고 하는 것이 아니라, 종합적으로 한 사람에 대해 이해하려고 시도하는 것
- 문제를 정확하게 평가하고, 그것을 해결하기 위해 사용할 수 있는 강점을 찾고, 치료과정에서 어떤 목표를 설정해야 하는지, 변화과정을 평가하는 것까지 포괄하는 것이 전문적인 미술심리진단 (미술심리평가, 미술치료평가)

2. 그림검사의 역사

1) 19세기 후반
- 19세기 후반 아동의 미술작품을 통해 아동의 심리적 상태를 이해하고자 하는 곳에서 시작됨
- 미술작업이란 기본적으로 그림사람의 '투사'임 (Leonardo da Vinci)
- 그리는 사람은 자신도 모르게 자신을 닮았거나 자신의 신체 경험에 기반해 그림을 그리게 됨

2) 20세기 초반
- 20세기 초반 정신과 환자들의 미술표현에 대한 의사와 예술가 및 전문가의 관심이 집중됨
- 정신적 문제를 가진 환자들은 미술을 통해 무엇인가 표현하고 있으며, 그림이 비언어적인 방식의 의사소통이 될 가능성에 주목하기 시작함

- 환자와 함께 환자가 그린 그림에 대해 논의함으로써 심리치료를 할 수 있다고 봄
- 그림에 의식적, 무의식적 성격 특성이 모두 투사된다고 봄 (Nolan Lewis)
- Prinzhorn은 유럽 곳곳에서 정신과 환자들이 그린 수천 장의 그림을 수집하고, 그림을 면밀히 관찰하여 그 특징을 분류함

3) 20세기 중반

- 20세기 중반은 투사적인 검사가 많이 번영한 시기
- 그림검사가 본격적으로 만들어진 시기로서 최초의 그림검사는 Florence Goodenough의 인물화 검사임
- Goodenough의 인물화 검사는 성격측면보다는 지능을 평가하기 위한 검사로서 개발됨
  - 이후 성격적 측면과의 관계에 대해서도 주목해서 살피게 됨
- Karen Machover는 'Draw-a-Person test' 인물화 검사를 발전시킴
- Koppitz는 인물화를 평가하는 '정서지표'로 채점체계에 대한 연구를 시작함
- Buck과 Hammer는 인물화의 평가방식과 주제를 더 세분화해서 발전시킴
- Jung의 심층심리학과 예술에 대한 관심은 이론적인 측면에서 주목할 만한 업적을 남김
  - 미술치료 분야가 시작된 시기이기도 함
- Naumdurg 는 내면의 이미지를 그림을 통해 투사하게 된다고 봄

- 이 시기를 전후로 양한 투사적 그림검사가 만들어지고, 투사검사에 대한 비판도 생겨남⇒ 투사검사의 신뢰도와 타당도에 대한 의문이 제기됨
- 그림검사 결과와 성격특질 간의 관계는 일관되게 나타나지 않고, 성격적 특질를 평가하기에 부적절하다고 봄
- 그림의 비언어적, 시각적 메시지 덕분에 그림검사는 더 다양하게 개발되고 광범위하게 사용되고 있음

4) 20세기 후반에서 현재까지
- 20세기 후반 미술치료 분야가 더욱 활성화되면서 그림검사는 보다 전문화, 세분화됨
- 그림검사가 다른 심리평가의 보조적인 검사도구로서가 아닌 주된 평가도구로 사용되기 시작
- 다양한 재료와 표준화 절차가 갖추어짐
- 그림검사의 주제도 평가대상에 맞게끔 다양해졌고, 체계적인 평가방식이 사용됨

II. 미술심리진단평가의 특성 및 장·단점

1. 미술심리진단평가의 특성

1) 진단도구로서의 그림검사

- 심리검사는 구조적인 검사와 비구조적인 검사로 나눔
- 무의식 층에서부터 의식수준에 걸친 투사법이 포함됨
- 개인의 내면세계가 외부로 외형화된다는 가정 아래 인간의 성격과 행동을 이해하기 위한 심리검사의 한 방법으로 투사검사가 활용됨
- 성격의 심층을 파헤치면서 성격의 역동이나 구조를 파악함
- 그림은 무의식적인 세계의 반응이므로 말로는 표현할 수 없는 것을 전달해 주는 힘이 있음
- 그림을 통한 심리진단평가는 그 자체로서 말하지 못한 무엇인가를 이야기 해주는 안전한 방법이면서, 진단으로서 매우 중요한 가치를 지님
- 적극적인 반응으로 그림을 구성하는 성격의 표출과정을 중시
- 언어가 아닌 그림을 매개로 하기 때문에 피험자가 언어로 표현하려고 하지 않는 것과 언어로 표현되지 않는 성격의 단면을 포착할 수 있음

2) 투사적 기능으로서의 그림검사

- 모호하고 구조화되지 않은 자극에 직면하게 되면서 자기의 내적욕구, 태도, 외부세계에 대한 막연한 지각 같은 것으로 반응하게 됨
- 방법이 간접적이기 때문에 반응이 자유로움

- 개인에게 있어서 중요하고 결정적인 의미를 가질 가능성이 높음
- 반응의 해석이 여러 가지 측면을 종합하여, 총체적인 관점으로 해석됨
- 심리적 욕구나 태도를 알 수 있음

2. 미술심리진단평가의 장·단점

1) 장 점
- 현실적인 면에서 다른 어떤 검사도구보다 간편하고 경비가 적게 듦
- 검사대상자 혹은 환자가 쉽게 그릴 수 있으며, 검사'상황'에 그림을 그리는 직접성을 지니고 있음
- 그림이란 언어적 진술보다 훨씬 편안하게 다가갈 수 있는 매체임
- 검사대상자는 다른 진단상황에 대해 이완된 상태가 될 수 있음
- 금기적 주제나 정신적 외상의 주제들이 다루어 질 수 있게 됨
- 그린 이의 개인적 진술이며, 그 안에는 개인의 의식적, 무의식적 내용을 지니고 있음
- 그림은 내담자가 가장 단순하고도 풍부하게 자신을 표현하고, 검사자 혹은 치료사와의 접촉가능성을 확장시켜줄 수 있는 매개체가 됨
- 언어적 치료법을 보완해 줄 수 있는 도구가 됨
- 그림은 미술치료뿐만 아니라 다른 심리치료나 상담에서도 진단과 차후의 치료계획을 위한 중요한 보조도구가 될 수 있음

2) 단 점

- 검사의 타당성에 대한 문제도 가짐
- 피검자가 지속적으로 진단에 사용되는 그림을 연습함으로써 진단의 타당성을 저해할 수 있음
- 시대와 문화와 교육의 차이에 따라서 타당성이 달라질 수도 있다는 견해
- 그림 진단의 근거를 제시할 수 있는 이론적 배경이 결여되어 있음

3) 타당성 문제에도 불구하고 인기를 얻고 있는 이유

- 내담자나 환자들의 내적 경험을 개인적으로 표현하는 출중한 자료가 될 수 있음
- 진단적인 면뿐만 아니라 치료적 적용을 위해서도 높은 가치를 지닌 자료를 제시한다는 것을 임상가들이 증명하고 있음
- 그림은 치료사와 내담자, 환자 사이에서 상호역할을 하며 단순한 진단적 방법론의 한계를 넘어 발전할 수 있기 때문

III. 미술심리진단 시 유의점

1. 그림평가의 기본원칙

1) 일대일 해석 방식을 지양하라
- 그림에 나타난 하나의 특징은 하나의 해석만 가능하게 아님
- 여러 해석이 가능하므로, 최종적 해석을 할 때에는 한 개의 특징만으로 특정 결론을 내릴 수 없음

2) 여러 가지 결과들을 묶어서 종합적인 해석을 도출하라
- 그림 속 요인과 행동 요인을 관찰하고, 여러 개의 특징들과 여러 개의 해석들이 공존하므로, 비슷한 것을 묶을 수 있는 특징과 해석을 정리하면서 종합적으로 판단함

3) 때로 일시적 상태를 반영할 때도 있다는 것을 기억하라
- 그림은 기본적으로 심리적 특성을 반영함
- 하지만 그림에는 성격이라든가 최근의 심리상태, 검사 상황, 분위기가 반영되기도 함

4) 해석하는 사람의 투사를 조심하라
- 그림을 평가하는 사람은 마음 상태가 대체로 건강하고 안정적이어야 함

5) 객관적 태도만이 능사는 아니다
- 실제 상대와의 대면을 통해 미술심리검사를 실시하면 여러 가지 감정적 변화와 주관적 체험을 통해 피검자 마음의 한 면을 느낄 수 있음

6) 의외의 맹점이 있을 수 있다

2. 그림검사에서의 유의점

1) 사람들은 눈에 보이는 대로 그리는 것이 아니라 자신의 마음속의 어떤 부분들을 변형해서 그린다.
- 변형은 의도한 것일 때도 있지만, 의도하지 않았거나 의식하지 못한 것일 때도 많음
- 그림을 잘 그리고 못 그리고는 중요하지 않으며, 묘사 능력이 좋아서 그림을 잘 그리더라도 심리적인 상태는 그림에서 반영됨
- 그림에는 늘 환상 요소가 들어감
  - 그림을 이해할 때 부정적인 면만을 부각하지 않도록 주의해야 함
  - 환상 요소가 두드러진 그림은 자칫하면 부정적으로 치우친 해석을 하기 쉬움

2) 그림을 이해할 때 가장 중요한 것은 피검자의 말에 귀 기울이는 것이다.
- 검사자의 일방적인 해석이나 평가는 또 다른 오해가 될 수 있음
- 피검자에게 경청하는 것 가장 중요한 미술치료평가의 기술임

3) 그림에서 강조되는 것은 의식적, 무의식적 이유가 있다.

- 그 이유와 마음을 알아주는 것이 필요함

4) 주제가 달라도 마음 상태가 변하지 않으면 같은 그림이 나온다.

- 주어진 주제가 다르다 하더라도 마음에서 표현하고자 하는 욕구와 내용이 같으면, 결국은 같은 그림이 나타남
- 어떤 주제로 그림을 그리든, 어떤 소재로 그림을 그리든, 자기 안에 하고 싶은 이야기가 있다면 그 이야기가 나오게 될 것임

5) 사람들은 누구나 자신을 표현하는 방식을 가지고 있다.

- 피검자의 언어와 방식을 이해하기까지 집중하고 기다리면서 표현할 수 있도록 피검자를 북돋아 주어야 함

6) 그림 해석에 관한 지식은 매우 중요하다.

- 단, 우리가 배운 그림 해석에 관한 지식을 너무 완고하게 적용하는 것은 적절하지 않음
- 그러나 그러한 지식은 상당히 의미 있게 활용 가능함

7) 강조된 것은 무엇인가를 보상하기 위함일 수도 있다.

- 긍정적으로 강조된 것도, 부정적으로 강조된 것도, 나름대로 보상적인 의미를 가짐

8) 현실과 반대되는 관계가 그림으로 표현될 경우
  • 마음에서 그만큼 애쓰며 살아가고 있다는 점을 이해해 주어야 함

참고문헌
• 주리애(2015), 미술심리진단 및 평가, 학지사
• 오승진, 류정미(2015), 미술심리진단평가, 동문사
• 정여주(2015), 미술치료의 이론과 실제, 학지사

I. 그림의 형식

1. 그림 형식의 여러 요소
- 그림의 구조에 기여하는 요소로서 보다 객관적 평가가 가능한 요소들
- 공간사용, 대상의 위치, 선택한 재료의 종류, 대상의 크기, 그려진 순서, 필압, 선의 성질, 글씨삽입 등

1) 공간사용
- 도화지에 사용된 공간이 어느 정도인가를 보는 것
- 두 가지 방식으로 살필 수 있음
  - 도화지 화면을 몇 구간으로 나눌 수 있음
  - 전체 화면에서 그림이 차지하는 공간 비율로 볼 수 있음
- 공간사용을 심리적인 측면에서 살피면, 어느 만큼을 자기 영역으로 활용하고 있는가 하는 관점으로 해석할 수 있음

- 심리적 위축 : 주어진 영역을 자기 것으로 활용하기 어려움
- 힘이 없고 의욕이 없음 : 도화지의 비어 있는 공간이 위압감을 주는 것으로 느낄 수 도 있음
- 무기력, 무망감 : 공간사용이 낮아짐
• 같은 증후라도 공간 사용도는 모두 동일하지 않을 수 있음
  예 우울한 사람-공간사용이 낮은 사람도 있고, 높은 사람도 있음
  ⇒ 우울에 기인하는 원인이 다를 수 있어서 임
• 심리적으로 건강한 사람들은 공간사용이 70% 전후로 나타남

2) 대상의 위치
• 그림에서 사용한 도화지의 크기와 공산의 사용 정도로 확인하는 것이 좋음
① 위쪽
  - 자신의 의식하지 못하는 정서적 불안정한 상태를 전하고 있을 가능성이 높음
  - 우울하면서 불안정할 때 이러한 표현이 자주 나타남
  - 주요 대상을 위에 크게 그린 경우 목표가 다소 허황되거나 기대치가 높은 상태를 추정할 수 있음
② 아래쪽
  - 소심하거나 활동성이 떨어진 상태, 혹은 우울한 사람일 수 있음
  - 불안정한 면이 있으면 아래쪽에 안정감을 주는 도화지 외곽선이 있는게 좋다고 여기기도 함
③ 중앙

- 대체로 평이한 반응
- 큰 종이 중앙에 대상을 그렸으면 자신감과 용기
- 치료과정에서의 협력적 태도와 적극성을 드러낸 것
- 그림에서 중앙에 그려진 대상이 피검자에게 갖는 의미가 크다고 볼
  수 있음

④ 가장자리
- 도화지 외곽선을 이용한 가장자리는 내면의 욕구를 보여주고 있는
  것임
- 외부의 틀이 필요한 만큼 내면은 의존적이거나 불안한 상태일 수 있
  음
- 불안해하고 눈치를 살피는 아이들이 가장자리를 따라 대상을 그리
  는 것을 좋아 함

⑤ 구석
- 구석은 가장자리가 두 개 중첩된 폐쇄 공간임
- 부정적인 의미, 부적절감, 비관적 느낌, 우울, 자기비하, 의기소침,
  불안 등을 추정해 볼 수 있음

⑥ 반복해서 고정된 위치에만 그리는 경우
- 일종의 습관 이기도 하며, 약간은 경직성을 띠는 습관이기도 함
- 심리적으로 변화가 생기면 고정된 위치도 바뀌는 것을 볼 수 있음

3) 대상의 크기
- '크기'는 심리적인 중요도나 강조점, 팽창되거나 수축된 자아의 모습
  을 대변하고 있을 때가 많음

- 여러 대상을 그렸을 경우, 먼저 그린 사람에게 중요한 대상이 어느 정도 크기로 그려졌는지 살펴 봄
- 여러 명의 인물은 피검자의 마음속에서 차지하고 있는 비중이 그림 속 크기를 통해 나타나기도 함

① 크기가 큰 경우
  - 종이를 넘겨서 그렸을 경우, 충동적이거나 공격적인 성향, 분노를 비롯한 감정이 조절되지 않을 가능성이 있음

② 크기가 작은 경우
  - 대체로 크기가 작은 것은 열등감, 불안한 마음, 낮은 자존감을 나타낼 가능성이 높음
  - 다른 사람에게 공개하고 싶지 않은 것을 그릴 때에도 크기를 작게 그림

4) 그려진 순서

- 먼저 그려진 부위나 대상은 심리적으로 중요할 수도, 그려지지 않은 부위나 대상이 피검자에게 갈등을 야기하는 것이기 때문에 피하면서 뒤로 미룬 것일 수 있음

5) 필압

- 대상의 크기와 마찬가지로 피검자가 지닌 심리적인 에너지 수준을 보여줄 때가 많음

① 높은 필압 : - 기분이 떠 있고 고양된 상태에서 자주 나타남
              - 공격적이고 반항적인 청소년, 스트레스가 높은 피검자

② 낮은 필압 : - 표현하기를 주저하는 상태라거나 소심한 마음, 불안함이나 우유부단함, 우울, 뇌 손상의 기질적인 장애들이 있을 때 나타남
- 필압의 변화가 심하다면 무엇인가 강조하고 싶은 것일 수도, 마음이 산만하거나 불안하거나 긴장하고 있었을 수 있다.

6) 선의 성질
- 선의 길이라든가 연결성의 정도를 평가하는 것
- 선의 불규칙적이고 중간에 뚝뚝 끊긴다면 뇌의 기질적인 손상, 정신지체인 경우, 집중하지 못하는 경우, 불안하고 우유분단한 경우 등에 해당됨
- 쫙 그은 선은 단호한 태도일 수도 있고, 결과에 별로 신경쓰지 않는 모습일 수도 있음
- 스케치선은 소심하거나 자신감이 없고 불안정한 상태일 가능성이 높음

7) 글씨의 삽입
- 그림을 어떻게 그렸든 간에 글로 적는 것은 그림을 분명하게 하고자 하는 욕구, 제대로 표현하고자 하는 욕구를 반영함
- 명료화에 대한 소망
- 불확실한 것 이라든가 잘못 받아들여지지 않을까 두려워하는 마음도 은연중에 있다고 봄
- 자신의 수행에 대해서 지나치게 비판적인 태도를 가진 사람일 수 있음
- 모든 것을 잘해야 한다는 불합리한 믿음이나 자기애적 태도를 가진

사람일 수 있음

- 우뇌보다 좌뇌가 더 발달한 사람은 비언어적인 방식으로 자신을 표현하는 것에 어려움을 느껴 글씨를 넣기도 함

2. 그림의 이미지

- 그림의 이미지는 그림 요소를 하나씩 분리해서 살펴보는 것이 아니라 전체적으로 종합해서 나오는 것
- 요소들이 전체가 되었을 때 부분적인 것을 더한 것 이상의 무언가를 발견할 수 있음
- 그림의 이미지는 그림 속 요소들을 단순히 평가하고 그것을 합산한 것 이상이며, 세부적인 요소들이 더해지고 결합하여 새롭게 출현함
- 이미지는 작품을 만든 사람의 내면을 깊이 있게 보여주기도 하고, 그것을 받아들이는 사람의 심리적인 투사나 역전이를 불러일으키기도 함

II. 그림의 내용

1. 그림 내용의 여러 요소

- 그림의 내용은 좀 더 주관적인 면이 반영된 것
- 그림이 어느 정도로 통합되어 있는지,
- 완성도는 어떠한지,
- 생략 여부가 있는지,
- 세부 특징이나 추상적인 표현, 경직된 대칭이나 반복 혹은 보속이 나타나는지,
- 주제와 제목은 무엇인지 등

1) 통합성
- 그림의 전체 짜임새를 말함
- 그림 각 부분이 유기적으로 연결되어 있고 어떤 질서나 규칙에 따라서 잘 조합되어 있다면 통합성이 높은 그림 임
- 통합성이 낮은 작품은
  - 인지적인 문제가 있고,
  - 그림검사에 대한 동기가 낮은 사람,
  - 긴장이나 갈등 때문에 심리적인 혼란을 겪고 있는 사람 등에서 볼수 있음

2) 완성도

- 그릴 수 있는 만큼 충분히 그렸는가 하는 점을 질적으로 평가하는 것
- 실행된 행위의 수준이 어느 정도인가를 평가
- 피검자의 높은 실행력은 심리적인 강점이라 볼 수 있음
- 우울하거나 불안하거나 검사에 저항하거나 치료자를 시험하는 듯한 심리적 상태에서는 완성도가 낮은 그림이 나오게 됨

3) 생략

- 의도적으로 생략한 것이 더 큰 의미를 지님
- 자신도 모르게 생략된 것은 생략된 부분과 관련해서 심리적 갈등이 있었을 가능성이 높음

4) 세부특징

- 미술발달단계와 함께 고려했을 때, 사실적인 그림을 그리기 원하는 발달단계에서는 자연스럽게 나타나는 현상이라고 평가할 수 있음
- 특정 부분에 지나치게 세부 묘사를 한 느낌이 든다면, 피검자의 불안감을 반영하는 것이나, 강박적인 성향을 드러내는 것일 수 있음
  → 자신을 둘러싼 환경이 불안하게 느껴지거나 내적 혼란을 통제하고 싶을 때 과몰입을 하게 됨
- 지난친 세부 특징에 매달리는 성격은 완고함, 완벽주의일 수 있음

5) 추상적 표현

- 특히 감정과 같은 것을 총체적으로 보여 주려 할 때 유용한 주제임

- 자발적 추상적 표현은 피검자의 심리적 불안함과 불확실성을 반영함
- 적극적인 이해를 기대하는 마음과 믿을 수 있는 지에 대한 시험

6) 경직된 대칭

- 과도한 대칭은 모든 것을 통제하고 싶은 강한 욕구
- 불안감이 높거나 불확실한 것에 긴장하고 조심스럽게 접근하는 사람들이 자주 보이는 특징
- 정서적으로 메마른 사람들도 좌우쌍으로 대칭되게 그림

7) 주제와 제목

- 어떤 주제인지를 그림을 깊이 이해하는데 도움이 됨
- 주제가 없고 자유롭게 그림을 그린 경우라면, 피검자가 어떤 주제를 선택했는지 반드시 살펴야 함
- 의미가 불분명한 그림에는 제목을 붙여 보라고 권하는 것이 좋음
- 피검자가 붙이는 제목을 통해 그림을 이해하기가 쉬워짐

8) 반복

- 그림에 반복되는 대상이나 테마를 살펴야함
- 심리적 필요와 욕구에 의해 반복됨
- 주제가 반복되든, 대상이나 장면이 반복되든, 사용하는 색, 숫자가 반복되든 그것이 무엇인지 주의 깊게 보아야 함

9) 보속

- 그림을 그릴 때 의미없이 동그라미만 그리거나 짧은 선을 한 줄 씩 연속해서 긋고 있다면 보속이라고 함
- 보속현상은 치매나 뇌 손상 기질적인 손상이 있는 환자들에게 볼 수 있음
- 여러 가지 근심이나 걱정이 있을 때, 집중하지 못할 때 보속 현상이 보임

2. 언어적 행동

1) 언어적 진술
- 그림을 그리면서 어떠했는지, 완성된 작품을 보면서 어떤 느낌인지 등 개방적인 질문으로 피검자가 자유롭게 이야기 할 수 있도록 이끌어야 함
- 반영해 주거나 요약해 주는 것도 도움이 됨

2) 침묵
- 침묵의 이유는 여러 가지 가능성이 있으므로 전후 맥락을 잘 살펴서 그 의미를 유추해야 함
- 피검자의 침묵을 버텨주고 수용해 줄 수 있는 넉넉함이 있어야 함

3) 목소리와 음성
- 말이 전달되는 방식으로, 말의 빠르기, 말의 강약, 말의 속도 등 잘 살

펴야 함
- 말이 전달될 때 분위기-침울한지, 불안한지, 냉소적인지, 깐죽거리는지, 눈치를 살피는지 등
- 얼굴표정 변화도 언어적 진술의 의미를 좀 더 깊이 있게 이해할 수 있음

3. 비언어적 행동

1) 표현된 정서
- 전반적인 움직임과 자세, 태도가 정서에 표현 되어짐
  - 그림검사를 받기 위해 피검자가 들어왔을 때 느껴지는 어떤 느낌
  - 그림검사 시간 동안 피검자에게서 받는 느낌을 종합
- 표현된 정서가 우울한지, 불안한지, 공격적인지, 두려워하는지, 둔감한지, 정서가 안 느껴지는지 등을 평가할 수 있음

2) 검사자를 대하는 태도
- 검사자에게 협조적이거나 반항적,
- 저항적이거나 의심하거나,
- 태도가 모호하거나
- 계속 질문만 하거나 솔직하게 자기 이야기를 하는 등의 여러 가지 태도

3) 작품을 대하는 태도
- 피검자가 자신의 작품을 다루는 태도도 중요함

- 자신의 작품이란 일종의 객관화된 자기 자신일 수도 있고, 자신이 남긴 흔적이라 할 수 있음
- 작품을 대하는 태도는 자기 삶을 대하는 태도의 축약형이라 할 수 있음
  - 작품을 만들기 위해 애를 썼는가?
  - 대충 아무렇게나 끝냈는가?
  - 작품을 만들다 어려운 부분을 어떻게 해결했는가?
  - 완성된 자기 작품에 대해 어떤 태도를 취하는가?
- 작품을 찢거나 훼손, 평범하게 그렸음에도 자기비하적인 표현을 한다면, 자존감, 부적절한 상황 대처능력을 나타낼 수 있음
- 검사자는 피검자의 행동을 대체로 지켜보면서 허용하여 피검자를 더 깊이 이해할 수 있음

4) 시선
- 시선의 방향, 바라보는 시간의 지속 정도 및 빈도
- 그림을 보는지, 검사자를 보는지, 시계를 보는지, 초점이 있는지, 그림을 다 그리고 검사자와 대화할 때 시선처리 등
- 시선과 같은 행동을 이해할 때 좋은 기준이 되는 것은 사회적 상호작용 방식과 상식에 근거한 판단임
- 시선의 회피는 부담스러움, 부끄러움, 긴장감 등을 드러내는 것
- 검사자만 계속 바라보는 것은 자신을 보호하기 위해 상대를 경계하는 것, 도움을 바라는 간절함, 혹은 무의식적 경쟁의식 등을 나타낼 수 있음

III. 그림의 상징

1. 그림 상징의 의미

1) 상징이란

- 자신의 고유한 기능을 가지기 때문에 '존재의 가장 내밀한 양상을 숨김없이 드러내주는 것이다' (엘리아데, 2002)
- 미술치료에 있어서 상징언어를 읽어내는 것은 치료적 과정에서 아주 중요한 역할을 함
- 프로이트와 융은 인간의 무의식이 표출되는 꿈이나 백일몽이나 그림의 상징성들을 깊이 있게 다루고 있음
- 그림의 다양한 요소들을 일반적인 상징성에 맞추어 일률적으로 경직되게 해석하는 것은 치료에 아주 위험한 요인이 될 수 있음
- 중요한 것은 상징의 요소들이 주는 의미가 무엇보다 각 개인의 의도와 상황에 달려있다는 것을 수용하는 것임
- 치료사는 그림이 주는 일반적 상징들에 대해 알고 있어야 되며, 상징이 주는 의미를 치료의 과정에 적절하게 연결할 수 있어야 함
- 그림을 통한 상징언어는 회화를 구성하는 기본요소인 선의 율동, 형태, 공간, 색채로 표현됨

2. 그림 상징의 여러 요소

1) 공간의 상징

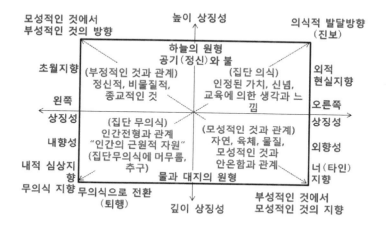

2) 선의 상징

① 획을 길게 그릴 때

- 행동을 통제하는 경향으로 지나치면 과도하게 억제하는 경향이 있음을 시사함

- 그리는 과정에서 단호하게 별 다른 주저함이 없다면 안정감, 완고함, 포부수준이 높음을 시사 함

② 획을 짧게 그릴 때

- 지나치게 짧게 툭툭 끊어서 그린 경우 충동성이 강하고 과도하게 흥분을 잘하는 경향과 관련된다고 봄

③ 획을 직선으로 그릴 때

- 자기주장적인 경향, 단호함 등과 관련될 수 있음

– 지나칠 경우 융통성이 부족, 충동적인 경향이 반영될 수 있음

④ 획을 곡선으로 그릴 때

- 의존성, 불안감, 우울감, 수줍음이나 사회불안적 경향, 순종적인 경향과 관련될 수 있음

⑤ 수평적 움직임을 강조하여 그린 경우

- 연약함과 두려움, 자아보호적 경향성, 여성스러움과 관련될 수 있음

⑥ 수직적 움직임을 강조하여 그린 경우

- 남성적인 단호함이나 결정력 혹은 과잉활동성을 시사함

⑦ 획을 여러 방향으로 바꾸어 그릴 경우

- 획이 한 방향으로 나가지 않고 여러 번 방향을 바꾼 경향이 아주 현저하고 일관되어 보이지 않을 때 불안정감, 정서적인 동요, 불안감을 시사 함

⑧ 선을 빽빽하게 그린 경우

- 마치 면을 구성하는 것처럼 그리는 경우, 내적인 긴장감이 매우 높거나, 공격적인 경향이 있음을 시사함

⑨ 선을 지그재그로 그린 경우

- 내면에 적대감이 있을 가능성을 고려할 수 있음

⑩ 선이 연결되지 않게 그린 경우

- 현실접촉의 문제, 정신증적 혼돈, 사고의 기괴함과 비논리성을 반영할 확률이 매우 높음

- 주로 정신증 환자, 심한 뇌손상 환자에게서 자주 나타남

⑪ 선에 음영을 넣은 경우

- 대인관계의 불안감이나 민감성을 시사할 수 있고, 심할 경우 불안감, 내적 갈등, 우울감 등을 나타낼 수 있음

3) 형태 상징

- 미술의 기본적 요소이며 다른 구성요소와 긴밀한 상호관계를 맺고 있음
- 형태는 색채에도 영향을 미치며 색채와의 상호작용의 관계를 가짐
- 모든 형태는 내적인 내용을 가짐 ⇒ 미술치료의 관점에서도 중요한 것을 시사함
- 기본 형태들은 항상 다른 형태와 관련이 되어 있음
- 단순히 각 형태가 가지는 자체의 상징성으로만 결정하기보다는 미술 작업의 구조 속에서 나타나는 다른 형태와의 상호관계에서도 상징적 의미를 읽을 수 있는 통찰력이 있어야 함

① 삼각형
- 다른 면에서 삼각형은 다른 형태들보다 다루기 힘듦
- 삼각형은 가장 다양한 형태를 가지는데, 각 삼각형의 형태에 따라 그것이 주는 상징도 다름
- 아래로 향한 역삼각형은 여성적-수동적 힘, 변화, 물, 무의식, 하늘의 은총, 잠재력, 음을 상징함
- 피라미드형 삼각형은 남성적-창의적 힘, 땅에 서 있으면서 높은 곳으로 향하는 자세로서 생동력, 불, 생명력, 변화, 리비도, 창의성, 양을 상징함
- 삼각형은 삶과 죽음과 재생을 다루고 새로움과 창의성의 분출을 나타내고 있으며, 자아의식을 암시함

② 사각형
- 사각형은 긍정적 의미에서는 고요를 얻을 수 있고 휴식을 할 수 있으며, 놀이나 집회를 위한 공간으로서 공동체 의식, 소속감을 줌

- 부정적 의미로는 폐쇄적이거나 답답한 공간이나 감옥과 같은 의미를 지님
- 사각형을 그리는 것은 외적인 혼란이나 어려움에서 자신을 보호하고 또한 자신을 신뢰하려는 것과도 연결됨
- 보호기능과 안전함의 기능을 지니는 사각형은 정돈의 욕구를 가진 사람의 그림에도 자주 나타나는 형태임
- 그림에 사각형이 지속적으로 나타나는 경우는 정리정돈의 욕구와 자신만의 공간에 대한 욕구가 많다고 할 수 있음

③ 원
- 처음과 끝의 구분이 없는 원은 심리적으로 무의식과 의식의 미분리와 전체성을 의미하기도 하며, 이완을 주는 심리적 특성이 있음
- 리델에 의하면 동화에 자주 나오는 구슬이나 공은 삶의 한 단계에서 다른 단계로 나아가려는 발전과 현실적 관계능력을 가지게 되는 것으로 해석하고 있음
- 미술치료에서 원은 우울증 성향의 사람에게 자주 적용할 수 있음
- 만다라 형태는 삶의 중심과 내적 균형이 필요한 사람에게 치료적 관점으로 다루어짐

참고문헌

• 주리애(2015), 미술심리진단 및 평가, 학지사
• 오승진, 류정미(2015), 미술심리진단평가, 동문사
• 정여주(2015), 미술치료의 이론과 실제, 학지사

1. 성격심리검사 I - DAP(인물화)검사

I. DAP(인물화 검사)의 이론적 배경과 개요

1. 인물화 검사의 역사

- 인물화 검사는 가장 오래되고 기본적인 검사임
- 인물화를 아동진단을 위해서 최초로 적용한 학자는 Goodenough
- 아동의 지적 성장을 측정하기 위하여 그림을 통한 지능측정이름으로 고안 함
  - 아동들에게 인물은 큰 관심의 대상이며, 사람 그리기를 통해 아동 발달 상태의 객관적 평가와 지능평가를 하는 조건이 된다는 것을 알게 됨
- 굿이너프는 해리스와 공동으로 시도한 아동화의 심리연구에서 '어린이는 보는 것이나 아는 것을 그리기보다 느낀 것을 더 표현한다'라는 가설을 세움 → 인물화가 행동의 장애나 문제를 측정하는 도구로 사용되는 경향이 많아짐
- Harris와 Goodenough의 인물화 검사를 개정해서 '남자 인물상,

여자 인물상, 자기 자신을 그린 인물상' 등 세가지를 그리도록 함 →
Goodenough- Harris Draw-a Man test, 1964
- Karen Machover(1942)는 인물화 검사의 명칭을 Draw-a-Person
  test로 함 → 실제 진행방식에 있어서 이전의 DAM검사와 큰 차이는
  없으나, 이후 Draw-a-Person으로 바뀜
- Machover는 신체상 가설을 사용하여 인물화에 나타난 여러 가지 특
  징들을 해석 함
- 이후 해석의 타당도에 의문을 제기한 여러 연구를 하게 되기도 함
- Elizabeth Koppitz(1968)는 Human Figure Drawing 라는 인물화
  검사를 창안
  - 정서적 발달적 측면을 평가하는 것에 초점을 맞춤
- Koppitz(1966)는 인물화의 유용성을 평가하기 위해 상당한 양의 인
  물화 자료를 수집하였고 '정서지표'를 만듦
  - 인물 그림에 나타나는 특징들이 아동의 연령이 증가하는 것과 긴밀
    한 관련이 있음을 밝힘
  - 남녀 아동에 따라 인물의 세부 특징 유무를 정리
  - 성취도 여부와 인물화 표현의 관계를 탐색, 아동의 성향에 따라 인
    물화에서 어떤 차이를 보이는지 연구

2. 인물화 검사의 개요

1) 재료

- 연필과 지우개, A4용지
  - 재료 준비가 번거롭지 않고 간편, 다루기가 수월하기 때문에 사용자 편의성이 높음
  - 색깔이 있는 재료나 다른 회화 재료를 사용하지 않는다는 점은 미술 치료 분야의 그림검사와 심리학 분야의 그림검사 간에 나타나는 차이점임
  - 심리학이나 정신의학 분야에서 개발된 그림검사는 간단한 재료를 사용하고 누구라도 사용할 수 있는 재료를 선호 함

2) 지시

- 지시는 두 종류로,
  - 사람을 그리라는 지시만 한 뒤 피검자의 반응에 따라 추가적인 그림을 요구하는 방식
  - 사람을 그리라고 하면서 전체 인물상을 그려야 하고 막대기나 만화처럼 그리지 말라고 지시하는 방식임
- 인물화 검사의 지시는 "사람을 그려 보세요"

① 지시의 첫 번째 방식
  - 막대기 모양 사람을 그리거나 인물의 전신상을 그리지 않고 부분만 그렸다면, 중요한 의미를 지님
  - 검사 지시에 특정 요구나 제한을 두지 않는 이유는, 제한 없이 인물을 그리도록 요구했을 때 피검자의 반응이 어떤지 살펴보기 위해서임
  - 가능한 제한 없이 많은 선택권이 부여되었을 때 개인이 어떻게 반응하고 행동하는지 살펴볼 수 있는 기회를 제공함

- 막대기 모양이나 만화, 추상적 표현 등으로 인물을 그렸다면, 종이
  를 새로 제공하고 막대기 등의 방식을 그리 말고 다시 인물을 그려
  달라고 함
- 전신상을 그리지 않을 경우도, 인물의 전신상을 그려 달라고 요청 함

② 지시의 두 번째 방식

"여기 종이에 사람을 그려 주세요. 당신이 그리고자 하는 어떤 사람이
라도 다 됩니다. 다만 전체 인물로 그려야 하고 막대기 모양 사람이나
만화를 그리면 안 됩니다."

- 막대기 등의 방식은 안 된다고 미리 말함. 단, 그려야 할 인물이 남
  자나 여자란 지시는 없음
- 선생님, 옷 입는 것을 그려야 돼요?
- 그냥 사람이기만 하면 되나요?
- 어떤 모습을 그리더라도 괜찮은 거예요?
- 제가 좋아하는 사람으로 그려도 돼요?

• 피검자가 선택해서 결정할 수 있도록 하면 됨

- 피검자가 그림을 완성하고 나면, 그려진 성이 무엇인지에 따라서 그
  반대 성의 인물도 그리도록 함
- 주의점 : 그림을 시작하기 전에 피검자에게 인물을 전신상으로 그리
  고, 막대기 모양처럼 간단한 형태로 그리면 안 된다고 얘기해 주어
  야 함
- 그려진 인물의 성격, 배경, 신분은 어떠한지 묻고 이야기를 나눔
- 그림 속 대상에게 피검자가 투사해서 이야기할 수 있도록 유도 함

II. DAP(인물화 검사)의 실시 및 해석

1. 인물화 검사의 실시

1) 실시장면

2) 그림검사 후 질문

그(녀)는 무엇을 하고 있습니까?

그(녀)는 몇 살입니까?

그(녀)는 결혼했습니까?

그(녀)는 직업은 무엇입니까?

그(녀)는 어느 정도로 건강합니까?

그(녀)는 신체 중 가장 좋은 부분은?

그(녀)는 무엇을 걱정하고 있습니까?

그(녀)는 행복합니까?

그(녀)는 장점은 무엇입니까?

그(녀)는 친구가 많은가요?

그(녀)는 성격은 어떻 습니까? 등등

2. 인물화 검사의 해석

1) DAP 해석과정

- 내용중심적 분석법
- 구조중심적 분석법

① 검사 상황과 검사 받는 내담자의 반응에 대한 관찰 및 기록

② DAP에 대한 내담자의 태도에 대한 관찰 및 기록 :

- 마지못해 하는지, 적극적인지, 말이 없는지, 충동적인지, 확인을 바라는지 등 검사태도에서 의미 있는 질문을 했는지 살펴 봄

③ 그려진 인물에 대해 어떻게 묘사하는지, 활동적인지 비활동적인지, 행복해 보이는지 슬퍼 보이는지 등의 느낌을 살펴 봄

④ 인물상에서 시사된 일반적인 인상

- 인물의 크기와 위치, 누구를 그렸는지, 남녀상의 비교, 전체적인 필압과 선, 묘사의 정도, 두드러진 생략, 인물의 자세나 행동 등을 보는 것을 말함

⑤ 남자상과 여자상에서 차이점

- 처음 그린 성은? 좀 더 공격적인 성은? 내담자가 동일시하는 성은? 갈등을 한 대상은 어느 것인가? 등

⑥ 인물화 검사 목록에 의한 분석

- 머리, 손, 팔, 목, 어깨. 가슴, 몸체, 발. 다리 등 주요 부분으로 해석

⑦ 해석적 가설들, 임상적 판단, 가족사, 내담자의 현재 행동 사이의 모순 등 가능한 여러 자료를 통합적으로 고려하여 최종적으로 해석 함.

2) DAP 해석 지표

Machover, Jolles, Hammer, Levy, 신민섭 등의 해석을 종합함

(1) 그림 그리는 과정

그리는 것에 대한 저항이나 방어	수줍음, 불안, 회피, 우울증, 완고함
그림 그리는 순서	– 대부분 머리에서 발쪽으로 그림 – 머리나 허리선 아래로 내려가는 것을 망설임–그 부분의 상징적 의미와 갈등 – 혼란한 순서 – 충동적, 조증의 과도한 활동, 혼란된 정신분열증 – 작은 부분의 좌우 대칭 – 엄격함, 강박성 – 얼굴의 이목구비를 맨 나중에 그림 – 정서적 관여에 직면하는 데 대한 저항, 무능과 관련된 부적응
그림에 대한 태도(못 그린다, 어렵다, 창피하다)	낮은 자존감과 우울, 검사자의 비난을 피하려고 함, 권위적인 인물로부터 확신을 얻기 바람
지움(수정), 생략	해당 부분에 대한 불안이나 불만, 생략은 갈등을 의미함

(2) 전체적인 인물상

공허한 인물상	회피, 우울증, 정신적 결함, 퇴행, 정신분열증적인 공허감
인물상의 균형, 대칭, 비례	– 정신적 균형에 대한 내담자의 감정과 연과 – 정신적 조화나 내적인 갈등의 확장을 나타냄
기울어진 인물상	불균형감, 정신분열증의 초기, 끊임없이 변하고 불안정한 상태의 성격
기형의 인물상	과거나 현재의 실제적으로 기형인 부분에서 나타남, 신체부위의 현실적인 상징적 어려움
나체상	성적으로 훔쳐보는 취미, 우울증적 정신분열증, 성적 관심
대칭성	– 좌우 대칭에 대한 엄격함과 억압, 극단적인 대칭(강박적, 정서적으로 차갑고 메마름), 명백한 혼란 – 신경증, 심한 불안 신경증, 경조증
막대 인물상	회피, 엄격함(지적으로 신중), 정신병(대인관계에 혐오), 불안정(신념 상실)

도화지 상단에 위치	경계를 넘거나 상단에 그림(대인관계에서 자신을 지나치게 내세우려는 경향, 극단적인 공상생활, 조울증적 성격)
왼쪽으로 보이는 인물	내성적, 이기적
도화지의 왼쪽과 오른 쪽	왼쪽은 자신에 관한 부분이고, 오른쪽은 환경
도식적인 그림	극단적인 상징적 사고들(악화된 정신분열증)
옆모습	자기과시, 사회적 의사소통의 함축
인물상의 분위기	그려진 인물에서 느껴지는 분위기

(3) 남.여 인물의 표현

- 성의 특징적인 표현은 성 역할, 적대감, 의존성, 힘의 우위와 성적 수준의 미숙함에 의한 고착 등과 관련되는 갈등영역을 나타낼 수 있음

균형 잡힌 인물상	균형 잡힌 성역할, 자존감
나약한 여자상	남성– 남성우위, 과시적 여성– 약하고 민감함 자기과시적인 자기중심적인 남자 성적으로 미숙한 남자
나약한 남자상	남성권위를 부정하는 여자
성적 묘사의 결여	정적 역할의 무기력, 성에 대한 심리적 회피
과도한 성적 표현	성적 관심, 해소되지 못한 성적욕구
반대성을 먼저 그림	이성에 대한 관심, 성의 동일시에 혼란이 있고 자신의 성적 역할을 받아 들이지 못하거나 동성애일 가능성

(4) 인물상의 크기

보통보다 현저하게 작은 인물상	위축된 자아, 환경을 다루는데 있어서 부적절함과 걱정, 퇴행적이고 낮은 에너지 수준, 작은 자아, 심한 우울증
매우 큰 인물상	- 공격성, 과잉행동, 감정조절능력의 부족이나 보상적 방어감정 - 균형이 맞지 않으며 공허하고 빈약하게 그렸다면 아동 정신적 장애, 기질적 장애
도화지를 벗어난 인물상	- 계획 능력의 부족 - 조증, 과잉행동의 경향

(5) 인물상의 자세 및 운동

달리는 인물상	- 내담자의 활동성, 과도한 에너지 수준 - 불쾌한 상황에서 도피하려는 높은 수준의 에너지 - 히스테리적인 충동성
광대 인물상	- 검사에 대한 방어나 회피 - 불합리성에 대한 충동과 욕망을 감소시키려는 것 - 자기 과시벽이 강한 경향 / 지능과 창조성이 평균 이상 - 다른 사람에게 익살스러운 행동을 하는 경향
활동적인 인물상	적극성, 활동성, 부족한 에너지에 대한 보상심리
과도한 활동성	세계를 조정, 예지력을 증가시키기 위한 보상적 능력
수동적인 활동성	무력함, 약함의 과도한 감정으로 생기는 병리적 증후
발을 벌리고 서있음	- 넓게 벌림(자신감, 대인관계에서 불안정을 상쇄하려 함) - 좁게 벌림(엄격함, 속박) - 딱 붙임(성적 유혹에 긴장, 저항, 수줍음)
쓰러질 듯한 인물 상	불안정한 정신적 균형

(6) 인물상의 방향

균형 잡히지 않은 측면 얼굴	빈약한 판단력
여자상은 정면 / 남자상은 측면	- 남성 내담자(자기방어의 표시) - 여성 내담자(자기노출 준비가 됨)
인물상의 표현이 방향성을 갖지 않거나 부분 방향성을 띰	비교적 드물고, 정상에서 벗어나 기질적 요인, 낮은 수준의 정신, 정신분열증
전체적으로 옆모습 또는 측면의 경향	외부세계와의 직면을 거부함 자기를 숨기려는 경향, 철회
뒷모습의 표현	외부세계나 환경에 대한 회피, 거부, 반항의 표현
지면선	불안정감이나 판단의 기준, 지지, 경계에 대한 욕구

(7) 음영과 완성되지 않은 그림

음영의 양	불안, 불안의 정도는 음영의 양과 관련 있음
불안, 불안의 정도는 음영의 양과 관련 있음	과도한 불안이나 거기에서 오는 정서장애
그림자	의식수준에 있어서 불안과 갈등 시사
그림의 일부분에 음영	그 부분과 관련된 불안과 갈등
극단적인 음영	일반화된 불안, 적대적인 환경에 대항할 수 있는 자신감의 결여, 가지비판 감정들
완성되지 않은 그림	우울, 회피, 성취의 낮은 기준(아동의 경우 지적장애) 신경증적인 압박감

(8) 주제 - 인물상의 주제는 대상이 가지는 힘과 역할의 투사로 해석할 수 있음

경찰관, 로봇, 공룡	영웅적, 외부세계를 조절하려는 영웅적. 자기주장적 상상 아동에게 흔히 나타남
눈사람	신체 문제에 대한 회피
광대, 만화, 바보 같은 인물상	자기 경멸이나 자기 적개심의 표현
나이든 사람	성숙함과 지배력을 가지려고 애씀
젊은 사람	유아적 방어, 표현의 자유와 아동기의 적은 책임 갈망, 정서적인 미성숙

(9) 세부묘사

과도한 표현	주의 깊게 장면을 조직화함(강박적 성향)
완전함 결여	심하게 혼란된 우울증 환자(윤곽선만 그림)
거의 상세하지 않음	아동, 정신적 결함, 우울증, 회피적인 정상인, 자신감 부족
강박신경증 환자	미세한 세부, 지나친 염려, 자주 지움
편집증 환자	눈과 귀를 지나치게 상세히 그림
지적인 성인	보다 조화되고 균형 잡힌 세밀함
정신지체인	아동의 그림을 연상시키는 대강의 그림
정신병 환자	급성은 기괴한 부분들, 해부학적 지표들을 그림
우울증 환자	나약함, 소극적임, 맹인, 공허한 인물상

(10) 증상에 따른 특징

갈등	생략, 음영, 지움, 끊어진 선, 떨린 선, 비대칭
강박증적 경향	지나친 세부묘사, 대칭성 강조, 많이 지움, 많은 시간 소요, 많은 질문

공격성	날카로운 손가락, 음울하고 날카로운 눈, 평평한 코, 강조된 콧구멍, 꽉 쥔 손, 심하게 음영이 그려진 머리
비행청소년	- 군인이나 카우보이(힘과 강함을 위한 노력) - 공격성의 상징(총, 칼, 방망이) - 크기나 체력의 강조(큰 머리는 지적 통제를 위한 노력)
아동화의 특징	- 큰 머리, 손이 약함(환경을 다루는 힘 약함), 입강조(구강적 의존) - 크게 위로 치켜 올라간 입(승인 얻기를 바람), 보지 못하는 눈(의존심, 분별력 결여) - 투시화(정상), 두족화, 옷(그리지 않거나 무시), 활동성(과잉행동)
우울증	- 입의 강조, 낮은 활동 수준, 머리를 숙이지 않음 - 시무룩한 표정, 주름진 이마, 헝클어진 머리, 발. 다리를 그리는데 저항 - 육체적 충동을 용납하지 못함(에너지 및 열의의 결여), 보이지 않는 눈(대처, 직면 능력 결여) - 팔과 손 생략(무능에 대한 강한 감정), 과장되고 기형인 신체(육체적 분열을 느낌), 상세함의 결여,
정신분열증	- 공상 속에서 성취와 힘을 얻으려 함 - 귀와 눈의 세부묘사(환청과 의심) - 굳은 몸, 기괴한 그림, 투시화 - 심한 불균형, 혼동된 측면상
기질적 장애	- 비율에서 벗어난 머리, 지나치게 큰 머리, 선이 굵고 단순 - 전체적으로 나약함, 세밀하지 않고 많이 생략함 - 형상이 과도하게 큼, 피검자에 의해 표현되는 중요한 감각 - 상동적 표현, 유별난 필압, 머리 윤곽선을 진하게 그림
심한 정서장애에 대한 경고	- 보지 못하는 눈, 해부학적 지표들, 크게 벌리고 있는 입 - 추파를 던지는 입, 꽉 쥔 주먹, 잔인한 특성 - 극도의 지저분한 음영, 뭉개어 그린 입, 갈고리 같은 손가락 - 주요 부분 생략, 딱딱하고도 도식적인 인물상 - 균형의 상실, 지나치게 기울어짐, 생식기 강조, 난화 - 측면의 혼동, 아주 작고 공허한 그림, 도화지를 벗어난 큰 그림
의존성의 지표	- 중앙선 강조(단추) - 오목하고 받아들이는 입(관심과 사람, 승인을 요구 함)
알코올 중독	- 구강이 강조되는 구강적 의존성(몸의 중앙선, 주머니, 의존성) - 우울한 특징들은 특히 낮은 활동 수준에 의해 나타남 - 아주 작은 얼굴 생김새(약한 자아), 성적인 갈등

(11) 머리

- 머리 그림에서 내담자는 무의식적으로 지능에 대한 관심을 표현 함
- 공상영역 몰두 정도, 합리적인 통제, 개인 상호간의 관계에 대한 관심과 자아 개념
- 일반적으로 손상을 입은 피검자의 인물상에서 혼란을 보여주는 부분이기도 함

(12) 얼굴

- 얼굴은 세상을 나타내는 전면임
- 사랑, 미움, 공포, 공격, 유순함, 부적당한 감정, 반항, 혼란, 온화함, 불안 표현 등으로 그림의 경향성을 보여줌

(13) 입

- 입의 강조는 구강기적 방어, 구강기적 특성, 언어적 문제 등을 내포할 수 있음
- 입의 생략은 표현에 있어서 문제가 있을 가능성이 있음
- 우울증적 상태이거나 대화를 거부하는 표시일 수도 있음

(14) 코

- 코가 생략되는 것은 대체로 흔함
- 코의 생략은 부끄럽다든가 수줍다든가 하는 태도와 관련이 있고 자신감 및 공격성의 부재와도 관련이 있음

(15) 눈

- 마음의 창으로, 내면의 감정을 드러내는 것으로 여겨짐
- 외부와의 접촉을 형성하는 기관임

(16) 귀

- 다른 사람과의 의사소통을 이루는데 중요한 요소 임
- 외부세계의 감각적 자료들을 처리 함

(17) 가슴

- 생명을 주는 모유, 어머니와 어머니로부터 받는 대상의 상징을 제공함
- 주는 것보다 받는 것, 의존성과 관련됨

(18) 다리

- 몸의 지지, 균형, 이동, 자율성 등을 제공하는 기능을 함

(19) 단추

- 아동에게 있어서 독립하려는 노력에 장애물이기 때문에 중요성을 갖음
- 오랫동안 어머니에게 의존하도록 만드는 것

(20) 목

- 신체적 충동에 대해 정신적 통제의 조정지표로 제공 됨

(21) 몸통

• 신체적 충동의 원천

(22) 발

• 발은 토대, 자기 이동의 도구로서 자율성을 상징함

(23) 손가락

• 환경을 다루기 위한 도구임
• 사회적 접촉의 장소, 공격 가능성, 의사소통 가능성을 의미 함

(24) 어깨

• 강한 힘을 제공함

(25) 팔

• 세계를 조정하는 것, 다른 사람을 거부하는 것, 다른 사람에게 손을 내미는 것, 다른 사람을 밀어내는 것, 다른 사람을 곁에 끌어당기는 것, 분노의 표현, 자기방어, 원하는 것을 획득하는 것, 사랑하는 것
• 팔은 강함과 약함에 대한 감정과 노력을 나타냄

인물화 보고서

이름 :	나이 :	성 별 :	생년월일 :
주소 :			집 전 화 :
직업 :			직장전화 :
학교 :			

의뢰사유

가족배경과 개인력

검사시의 행동관찰

전체해석 요약

검사일시:	검사장소:	검사지:

심한 정신적/정서적 혼란 검사항목	기질적인 두뇌손상 검사항목
1. 내부 기관 표시	1. 균형 잡히지 않은 머리
2. 쓰러지는 상	2. 지나치게 큰 머리
3. 누드상에서 남성생식기를 강조	3. 두껍고 간단한 선
4. 사람 같지 않은 상	4. 접합의 빈약성
5. 융악한 성질	5. 세부묘사의 부재, 많은 생략
6. 얼굴 생김새가 없다	6. 지나치게 큰 상
7. 바보같은 상	7. 피검자에 의해 표현된 쇠약감
8. 새의 발톱같은 손가락	8. 접근의 엄격함
9. 모순된 얼굴 옆모습	9. 스테레오 타입(상동성)
10. 크게 벌린, 추파를 던지는 일	10. 짙은 머리 윤곽선
11. 딱딱하고 도식적인 상	11. 이상한 압력
12. 약간 벌어진 입	12. 추가선으로 상을 정리
13. 짙고 지저분한 음영	13. 이따금씩 지우기
14. 빈약하고 텅빈 그림	14. 빈약한 균형
15. 도화지를 초월한 크고 웅장한 그림	
16. 눈과 귀의 과도한 음영	

성격역동성

성적 상징 영역		
남자상	묘사	해석
가랑이		
바지 앞자락		
코(크기)		
머리카락(음영)		
발		
엉덩이		
여자상		
가랑이		

가슴		
엉덩이		
머리카락(음영)		
발		
통제 특징		
남자상		
허리		
소매부리		
서있는 자세		
선의 특징		
세부묘사의 정도		
목선		
여자상		
허리		
소매부리		
서 있는 자세		
선의 특징		
세부묘사의 정도		
목선		

머리 특징		
남자상	묘사	해석
머리		
눈		
귀		
코		

입		
턱		
여자상		
머리		
눈		
속눈썹		
눈썹		
귀		
코		
입		
턱		
어깨, 팔		
손, 손가락		
남자상		
어깨		
팔		
손		
손가락		
여자상		
어깨		
팔		
손		
손가락		

인물상의 분위기와 겉모양

남자상		여자상	
1		1	
2		2	
3		3	
4		4	
5		5	
6		6	

불균형 영역	묘사	그 영역과 관계되어 있는 해석
1.		
2.		
3.		
4.		

짙은 음영의 부분 그리고 또는 지우기	묘사	그 영역과 관계되어 있는 해석
1.		
2.		
3.		
4.		
5.		

2. 성격그림검사 II

I. HTP(집, 나무, 사람) 검사의 이론적 배경 및 개요

1. HTP(집, 나무, 사람) 검사의 이론적 배경

- 집-나무-사람 검사(Hous-Tree-Person)는 벅과 헤머가 고안한 투사적 그림검사 기법으로 벅의 지능검사에 대한 보충으로 개발되었음
- 검사에서 집, 나무, 사람의 세 가지 대상이 선택된 것은 모든 인간이 아주 어릴 때부터 가장 가까이에서 접하는 것으로 그에 대해 신뢰성을 가지고 있기 때문
- 인간에게 가장 친숙한 이 세 가지 그림을 자유롭게 그림으로써 억제된 정서를 나타낼 수 있음
- 그리는 순서는 집-나무-사람 순으로 함
- 형태묘사에 있어서 가장 단순한 것부터 그리는 것을 원칙으로 함
- 그림의 크기, 종류, 형태, 다른 첨가물과 색칠 여부에 대한 것은 그리는 사람이 결정함

- 그림의 해석은 각각 달리함.
- 해석에 있어서 연령에 따라 다를 수 있고 당사자가 현재 겪고 있는 문제와 개인적 이력과 병력 등과 관련하여 연결해야 함

2. HTP(집, 나무, 사람) 검사의 개요

1) HTP 집, 나무, 사람 그림검사의 목표
- 내담자 자신의 무의식 영역과 자신에 대해 인식하는 자아개념, 가정과 외부환경을 인식, 관계를 맺는 정도와 그 양상을 알아 봄

2) 방법적 개요
- HTP검사는 개별검사로서 실시하고, 그림을 완성한 후에 여러 가지 질문을 행하여 내담자의 성격에 대한 많은 정보를 얻음
- 내담자의 적응수준이나 성격의 성숙도를 대체적으로 알기 위해서 집단 검사로 실시하는 것도 가능 함
① 4장의 A4 검사지 우측 상단에 작은 글씨로 ①~④ 까지의 번호를 적어 둠
② 한 장의 종이에 하나씩 모두 4장의 그림을 그리도록 이야기 함(시간을 체크하여 그린 후 상단에 표시함)
③ 1번의 종이를 가로로 제시하면서 "이 종이 위에 집 그림을 그리십시오 " 라고 지시함
④ 집 그림이 끝나면 2번의 종이를 세로로 제시하며 "이번에는 나무를

하나 그려보세요 ″라고 지시함

⑤ 나무 그림이 끝나면 3번의 종이를 세로로 제시하며 "이번에는 사람을 한 명 그려보세요.

　-'어떤 종류의 사람을 그려도 좋지만, 막대기처럼 그리거나 만화 주인공을 그려서는 안 된다'고 덧붙임

⑥ 인물화가 끝나고 나면 그 사람이 여자인지 남자인지를 질문하고 4번의 종이를 세로로 제시하여 3번에 그린 것과 반대의 성을 그리도록 지시함

⑦ 그림을 다 그린 후 그림에 대한 질문을 하여 기록함

3) 그림의 질문(PDI)

- HTP 검사에서 표현한 것의 독특한 의미를 파악하는 데 있어 질문은 매우 중요한 역할을 함
- HTP 검사 후 질문은 해석의 단서를 얻기 위해서는 불가피하며, 가능한 질문에 대한 답을 얻는 것이 좋음

(1) 집 그림의 질문
- 이 집은 누구의 집인가
- 이 집에는 구가 살고 있는가
- 이 집의 분위기는 어떠한가
- 무엇으로 만들어졌는가
- 나중에 집이 어떻게 될 것 같은가? 등등

(2) 나무 그림의 질문

이 나무는 어떤 종류의 나무인가

나무의 나이는 몇 살인가

나무가 죽었는가 살았는가

나무의 건강은 어떠한가

나무 주변에는 어떤 것들이 있는가

나무의 소원은 무엇인가

나중에 이 나무는 어떻게 될 것인가

나무를 그리면서 생각나는 사람이 누구인가

(3) 사람 그림의 질문

이 사람은 누구인가

이 사람은 몇 살인가

이 사람은 무엇을 하고 있는가

이 사람은 어떤 생각을 하고 있는가

이 사람의 기분은 어떠한가

이 사람의 소원이 있다면 무엇일까

나중에 이 사람은 어떻게 될 것인가

II. HTP(집, 나무, 사람) 검사의 실시방법 및 해석

1. HTP(집, 나무, 사람) 검사의 실시방법

1) 실시 방법
재료- A4용지, 4B연필, 지우개

2. HTP(집, 나무, 사람) 검사의 해석

1) HTP(집, 나무, 사람) 그림검사의 해석방법
- HTP 그림에 의한 성격의 여러 면을 밝혀나가는 것을 말함
- 그림을 그린 후의 질문 등을 참작하는 동시에 내담자와의 면접 외에 행동관찰과 검사 시의 태도 등도 임상소견 등에 고려해야 함

(1) 전체적 평가
- 그림의 전체적인 인상을 중시
- 조화가 잘 이루어져 있는가
- 구조는 잘 되어 있는가
- 이상하고 특이한 곳은 없는지에 대해 해석해 나가는 것
  - 내담자의 적응 수준
  - 성숙도
  - 신체상의 혼란 정도

- 자신과 환경에 대한 인식방법

(2) 형식적 분석

• 어떻게 그렸는지를 분석하는 것

• 구조적 분석이라고도함

   - 어떤 부분부터 그려나가는지

   - 종이 위 어느 쪽에 그리는지, 위치, 크기, 필압, 선의 농담, 선의 성질, 그림의 대칭성, 운동, 원근법, 음영, 생략, 강조, 지우기 등

① 검사 시의 태도와 소요시간

• 내담자의 행동, 그림 표현의 스타일, 심리상태나 기분 등

• 제한시간을 두지는 않지만, 내담자가 그림을 그리는 데 소요되는 시간은 기록해야 함

• 소요시간이 2분 이하로 짧거나 30분 이상 걸릴 때는 의미가 있으며, 갈등을 느끼는 경우임

• 오랜 시간이 걸릴 경우 내담자는 완벽성이나 강박 성향을 갖는 경우가 많음

② 순서

• 그림에서 각 부분별로 어떤 순서로 그려나가는지 관찰

• 그림을 그리는 순서가 집 그림은 지붕, 벽, 문, 창문 순

• 사람 그림은 얼굴, 눈, 코, 입, 목, 몸, 팔, 다리의 순

③ 크기

• 그림의 크기와 용지 여백 부분과의 관계는 내담자의 환경, 내담자와 부모와의 관계를 나타냄

• 일반적 그림의 크기는 2/3 정도

- 지나치게 작은 그림은 위축감, 내적 열등감, 부적절한 감정, 강한 자기억제를 나타냄
- 도화지 상부의 작은 그림 - 낮은 에너지, 통찰력의 결여, 이치에 맞지 않는 낙천주의
- 지나치게 큰 그림 - 과잉 행동적, 정서적 조증 상태, 열등감에 대한 과잉 보상심리, 적의와 공격성, 불안정감, 공상적인 자아

④ 위치
- 용지 중앙에 그리는 것일 일반적이고 안정된 경우임
- 용지의 중앙에 그리기를 고집한다면 불안정성과 인간 상호관계에서의 완고함과 융통성이 없는 상태를 나타냄
- 지나치게 높은 위치에 그린 그림은 욕구나 포부 수준이 높고, 어려운 목표를 설정해 놓고 갈등과 스트레스를 느낄 가능성이 높고, 자신만의 공상 속에서 만족감을 얻으려는 경향성을 나타냄
- 아래쪽에 위치하는 경우는 불안정하거나 부적절한 우울증적 상태임

⑤ 필압
- 내담자의 에너지 수준을 나타냄
- 필압이 강한 것은 자신감과 적극적인 경우
- 필압이 지나치게 강함은 긴장, 공격성, 자기주장성을 의미(분노 에너지가 많음을 의미)
- 필압니 지나치게 약한 경우는 우유부단하고 소심, 에너지 수준이 낮고 우울, 의욕상실을 나타냄
- 필압의 강약 변화가 적당한 것은 유연한 태도를 가지고 환경에 적응하는 것

⑥ 선(stroke)의 질

- 안정되고 단호한 스트로크는 안정적이고 자기중장적인 사람을 나타냄
- 긴 스트로크는 자신을 통제하는 사람에게서 나타남
- 짧고 연속적이지 못한 스트로크는 충동적이고 흥분하기 쉬운 경향
- 둥근 곡선은 의존적, 불안, 우유부단한 성향
- 직선은 자기주장적이고 공격성을 의미
- 지나친 직선은 경직, 융통성의 부족, 충동적 경향을 나타냄
- 선의 방향이 일정하고 망설임이 없는 경우 목표가 있고 안정적
- 선이 일정치 않고 여러 방향으로 바뀌는 경우는 자기 확신이 없고 정
  서적 혼란 및 불안감을 나타냄
- 뚝뚝 끊어진 선, 스케치풍의 선은 자신감 결여와 불안감, 새로운 환경
  에 대한 불안을 의미

⑦ 지우기

- 지나치게 사용하는 경우 불안감, 우유부단함, 불확실성, 자신에 대한
  불만족
- 여러 번 다시 지우고 그린 그림은 그 부분에 대한 갈등을 나타냄
- 어떤 부분을 몇 번이고 고쳐 그리는 것은 그 부분과 상징하는 것에 대
  한 갈등을 의미

⑧ 대칭성

- 대칭성의 결여는 내담자의 불안정감을, 신체적인 면에 부적응감을 가
  지고 있음을 나타냄
- 경직된 대칭성은 우울한 사람에게 보임
- 자로 잰 것처럼 정확하게 대칭적인 것은 불안감이 있으며 자기통합을

통제하고자 하는 경우에 나타남

⑨ 방향

- 방향은 내담자의 환경에 대한 태도와 감정, 대인관계의 대처 방법을 나타냄

- 일반적인 방향과 다르게 그린 그림은 내담자가 억압하고 있거나 적대적인 심리상태를 나타냄

- 인물화 방향이 옆 모습일 경우 도피적인 경향을 나타냄

- 얼굴을 옆으로 하고 몸체는 정면을 경우 통찰력이 낮음

- 남성으로서 남자의 상은 앞, 여자의 상은 정면으로 그릴 경우 자기방어가 강한 것을 나타냄

⑩ 세부묘사

- 내담자가 일상생활에서 실제적인 면을 의식하고 처리해가는 능력과 관련이 있음

- 지나치게 상세하게 그리는 경우 자신과 외부와의 관계를 적절히 통합하지 못하거나, 환경에 대해 지나친 관심과 강박, 정서적 혼란, 신경증, 초기 분열증에서 나타날 수 있음

- 적적한 세부묘사가 되지 않은 경우 낮은 에너지와 위축감, 우울증이 있을 때 나타남

⑪ 생략과 왜곡

- 그림의 생략 왜곡은 그 부분이 내담자에게 갈등이 있음을 나타냄

- 그림 전체에 생략이나 왜곡이 되어 있는 경우는 적절한 세부묘사가 결여된 것과 같은 의미임

⑫ 절단

- 용지 끝에 잘리도록 그리는 것-사회생활에 잘 적응하지 못하는 경우임
- 용지 윗부분의 절단-행동하기보다는 사고하는 것에 관심이 높고, 성취 욕구가 강하고, 현실생활에서 얻을 수 없는 만족을 추구하고 있음
- 용지의 아랫부분의 절단- 충동성이 강하고, 강하게 억제하여 성격의 통합을 유지하고자 하는 것
- 왼쪽의 절단- 미래를 두려워하여 미래에 집착, 의존적이고 강박적인 경향
- 오른쪽 절단- 과거로부터 미래로 도피하려는 욕구와 자신의 감정을 솔직히 표현하는 것의 두려움, 행동에 대한 강한 통제는 나타냄

⑬ 그림자와 음영

- 그 부분의 불안과 갈등을 나타냄
- 집, 나무, 인물화의 내부 전체나 일부분의 음영은 불안과 강박으로 우울함을 나타내고, 퇴행하고 있는 것을 나타냄
- 지붕의 음영은 현실보다는 공상에 만족을 구하는 경향
- 창문의 음영은 환경에 대한 적으로 불안을 나타냄

⑭ 투시화

- 현실검증의 장애로 자기와 외부와의 관계를 제대로 지각하지 못하여 구별되지 않는 상태를 나타냄
- 투시화는 병적인 징조, 정신분열증 환자에게 주로 나타남

⑮ 원근법

- 벌레의 관점
  - 열등한 존재하는 감정과 가치 없는 존재라는 자기비하적인 평가, 위화감 등을 나타냄

- 가정에서 행복하지 못하다고 생각할 때 폐쇄적인 사고의 사람에게서 나타남
- 새의 관점
  - 자신을 우월한 사람으로 보며, 가정을 벗어나 있음을 보여주는 경우
  - 가정이나 환경에 부여된 가치를 근본적으로 거부하는 사람에게서 자주 나타남

⑯ 지면의 선
- 불안감이 있을 때 나타나며, 안정을 얻으려는 욕구를 의미함
- 불안감이 심한 상태일수록 지면의 선이 강하고 진하게 나타남
- 왼쪽이 올라가 있는 경사면은 미래가 불확실하여 위험을 느낄 때 나타남
- 오른쪽이 올라가 있는 경사면은 미래를 향해 노력해 나가고 있다는 감정을 나타냄

⑰ 기타
- 날씨가 표현된 것은 내담자 자신의 환경에 대한 감정을 나타냄
- 외부환경이 자신에게 적의를 가지고 있거나 압력을 가하고 있다고 느끼는 사람은 궂은 날씨로 표현함

(3) 내용 분석

1) 집 그림 해석
- 자신의 가정생활과 가족관계를 어떻게 인지하고 어떤 감정과 태도를 가지고 있는지가 나타남
- 내담자가 현재의 감정을 어떻게 바라보고 있는지 이상적인 장애의

가정과 과거의 가정에 대한 소망

- 필수 부분인 지붕, 벽, 출입문 , 창문 등을 어떻게 그리는지(PDI가
  필요)로 파악함

① 문

- 환경과 직접적인 상호작용을 하는 부분으로서 대인관계에 대한 태
  도를 나타냄

② 지붕

- 정신생활, 생활의 공상영역을 상징함

③ 창문

- 인간의 눈 같은 것으로, 문은 환경과의 직접적이고 능동적인 접촉으
  로 나타내며, 창문을 환경과의 수동적인 접촉을 나타냄

④ 방들

- 그 방에 기거하는 사람과 관련이 있음

⑤ 계단과 보도

- 사회적 상호관계의 환영을 나타냄

⑥ 벽

- 자아의 강함과 관계가 있음

2) 나무 그림 해석

- 기본적인 자기상을 나타냄
- 성격의 측면 중 무의식적인 핵심감정이 나타남
- 심층적인 수준에서의 자기와 자기개념에 부여된 내면 감정이 투영됨
- 나무 그림은 피검자가 자기상이 투영되리라는 짐작이 덜 되어 방어가

덜 일어날 수 있는 장점이 있음

- 나무의 기둥은 피검자의 내적 자아 강도에 대한 주관적인 느낌을 나타냄
- 나무의 가지는 환경으로부터 만족을 추구하는 피검자의 능력
- 나무의 전체적인 조직화는 피검자의 개인 내적인 균형감을 반영
- 자신의 마음상태에 대해 어떻게 느끼고 있는지를 무의식적으로 변형하여 정신성숙도를 이해할 수 있음

① 나무 기둥

- 피검자의 성격구조가 얼마나 견고한지, 내면화된 자기대상의 힘을 나타냄

② 뿌리

- 나무 그림에서 뿌리는 상징적으로 그 사람이 내적으로 느끼는 자기 자신에 대한 안정감, 자기 자신의 근본적인 모습에 대한 이해와 관련될 수 있음

③ 나뭇가지

- 피검자가 환경에서 만족을 추구할 수 있는 자원
- 다른 사람에게 접촉하는 데 필요한 자원
- 현재 상황에 대처할 수 있는 능력
- 지금보다 나아질 수 있는 자원
- 성취하고자 하는 소망과 이를 위해 노력하는 태도 등을 반영

④ 나무 그림의 주제

- 나무에 좀 더 구체적인 내용이 포함되거나 단순하게 나무만 그리지 않고 어떤 주제를 담는 그림을 그리는 경우임

• 주제는 그 사람 개인이 경험하는 갈등과 정서적 어려움을 반영하는
  것일 수 있음
  - 나무를 베는 남자를 함께 그린 경우
  - 버드나무를 그린 경우
  - 사과나무를 그린 경우
  - 죽은 나무를 그린 경우
  - 열쇠구멍 모양으로 그렸을 경우
⑤ 나무의 나이

3) 사람 그림 해석

• '자기개념'의 성격의 핵심적 측면이 투사되어 나타남
• 의식적인 수준에서가지고 있는 자기개념, 자기표상, 자기에 대해 가
  지고 있는 태도나 여러 가지 감정들이 투사 됨
• 자기뿐 아니라 자신에게 자기대상적 충족을 주는 여러 가지 유의미한
  자기대상적 인물, 유의미한 타인의 표상에 부여된 감정들이 투사되어
  나타남
① 머리
• 인지적. 지적 능력 및 공상활동에 대한 정보를 나타낼 수 있음
② 얼굴
• 얼굴의 어느 면을 그렸는가 가 중요함
③ 눈
• 아동이 다른 사람들과 어떻게 관계를 맺는지에 대한 정보를 제공
• 정서적 자극을 어떻게 받아들이고, 어떻게 반응하는지, 어떻게 자신

의 감정을 표현하며 어떻게 느끼고 있는지를 파악할 수 있게 해줌

④ 귀

• 타인으로부터 정보를 받아들이는 통로가 됨

• 정서자극을 수용하고 이에 반응하는 방식에 대해 알 수 있음

⑤ 코

• 외부세계의 정보를 받아들임

• 환경으로부터 정서적 자극을 어떻게 받아들이고 이에 반응하는지와 외모에 대한 관심 정도

⑥ 입

• 세상과 직접 의사소통을 하게 하는 부분

• 그 사람의 생존, 심리적 충족 등과 관련된 여러 가지 정서적 이슈들에 대해 알려줌

⑦ 이

• 6세 이상이 이를 그릴 경우 정서적 욕구 충족, 애정욕구 충족에 있어서 심한 좌절감을 느끼고 상처받지 않을까 하는 불안감을 시사 함

• 진하게 힘주어 그린 이는 공격적 행동을 통해 보상하고자 함을 의미

• 뾰족뾰족하게 그린 이는 상당한 공격성과 내면의 불안감

• 치열의 전체 윤곽선은 정서적인 욕구를 수용하고 표현하는 데 대한 불확실성과 주저함

⑧ 머리카락

• 타인이 자신의 외모를 어떻게 생각하는지에 대해 얼마나 관심이 많고, 얼마나 중요시 하는지를 짐작할 수 있음

⑨ 목

- 인지적 활동(사고, 공상, 감정)과 몸에서 일어나는 신체적 반응을 연결하는 통로임
- 적절하게 통제될 때 편안하게 느껴짐

⑩ 어깨

- 상징적으로 책임을 지는 능력과 관련될 수 있음
- 어깨를 그리지 않은 경우: 몸과 목, 팔을 바로 연결해서 그린 경우 스스로 책임을 지는 것에 대해 매우 자신 없어하고 부적절감을 느끼며, 책임지는 상황을 회피하고자 함을 시사함
- 어깨의 크기와 모양: 어깨가 크게 그려지면 책임감이 너무 강하고, 작게 그려지면 책임 있게 완수하는 능력에 대해 자신이 없고 부적절감을 느낌. 책임감을 느껴야 하는 상황에서 위축되고 수동적 자세를 취하려는 경향을 의미

⑪ 몸통

- 내적인 힘을 보유하고 있는 부분

⑫ 가슴

- 자신의 능역이나 힘에 대해서 주관적으로 어떻게 느끼고 있는지를 반영

⑬ 허리

- 허리를 어떻게 그렸는가 하는 것은 피검자가 자신의 성적 행동을 어떻게 통제하는가 여부나 정도와 관련 됨

⑭ 몸통의 가운데 선

- 유능감에 대한 정보를 제공해 줌

⑮ 가랑이 부분

- 성적인 능력이나 매력과 관련하여 스스로에 대해 느끼는 적절감과 관

련됨

⑯ 팔

• 환경과 어떻게 상호작용하는가, 현실 속에서 어떻게 대처하고 자신의
  욕구를 충족하는가에 대한 중요한 지표가 될 수 있음

⑰ 손

• 환경에 대한 통제능력 밀 방식을 좀더 구체적으로 살필 수 있음

⑱ 다리

• 바라는 목표 지점을 향해 자기의 위치를 옮기고, 충족감을 줄 수 있는
  원천으로 다가가게 해줌

• 환경의 위험으로부터 도피할 수 있게 해줌

• 현실 상황에서 지탱해 설 수 있게 해주는 역할을 하는 부분

⑲ 발

• 능력의 욕구를 충족시켜 주는 원천으로 자율성을 적절하게 성취할 수
  있게 해줌

• 자기대상과의 경험에서 의존성-독립성의 연속선상에서 피검자가 어
  느 정도 위치에 있는지를 알 수 있게 해줌

III. HTP(집, 나무, 사람)검사의 보고서 작성

이름 :	나 이 :	성 별 :	생년월일 :
주 소 :			집 전 화 :
직 업 :			직장전화 :
학 교 :	검사일시:	검사장소:	검 사 자 :

의뢰사유			

가족배경과 개인력	FAMILY TREE

검사시의 행동관찰

요약 및 검사자의 견해

1. 전체적 인상

집	
나무	
남자상	
여자상	

2. 형식적 분석

	집	나무	남자상	여자상	견해
소요시간					
그린순서					
크기					
위치					
필압					
선의 성질					
지우기					
대칭성					
방향					
세부묘사					
생략과 왜곡					
절단					
그림자, 음영					
투시화					
원근법					
운성성					
지면선					
기타의표시					

3. 내용적 분석

집		유무	표현의 특징	상징과 해석
주 제				
필수요소	지 붕			
	벽			
	문			
	창 문			
기타요소	굴뚝과 연기			
	방			
	울타리			
	길			
	계단과 보도			
그린 후의 질문과 대답				
해석 및 평가				

나 무		유무	표현의 특징	상징과 해석
주 제				
필수요소	줄 기			
	가 지			
	수 관			
기타요소	뿌 리			
	꽃, 열매, 잎			
	지면선			
	동물들			
	옹이구멍			
	나무껍질			
	숲			
그린 후의 질문				
해석 및 평가				

남자상		유무	표현의 특징	상징과 해석
주제와 행동				
성차의 표현				
필수요소	머리			
	눈, 코, 입, 표정			
	몸통			
	팔			
	다리			
	손			
	발			
기타요소	목			
	손가락			
	발가락			
	단추, 넥타이, 허리띠, 주머니			
	모자, 신발			
	기타의 특징			
그린 후의 질문				
해석 및 평가				

여자상		유무	표현의 특징	상징과 해석
주제와 행동				
성차의 표현				
필수요소	머리			
	눈, 코, 입, 표정			
	몸통			
	팔			
	다리			
	손			
	발			
기타요소	목			
	손가락			
	발가락			
	단추, 넥타이, 허리띠, 주머니			
	모자, 신발			
	기타의 특징			
그린 후의 질문				
해석 및 평가				

3. 성격그림검사Ⅲ

1. K-HTP(동적 집, 나무, 사람)검사의 이론적 배경

- 동적 집-나무-사람 검사(Kinetic House-Tree-Person)는 Burns(1987)가 개발했음

- HTP와는 달리 한 장의 종이에 집/나무/사람을 각각 그리도록 하며, 어떠한 움직임이 들어가도록 그리라 지시하는 부분이 다름

- HTP를 종이 한 장에 나타냄으로써 전체적으로 관찰하여 내담자의 심리적 역동을 엿볼 수 있음

- Burns는 HTP에 상호작용이 나타나지 않는 문제들을 보완하기 위해 역동성을 부여하도록 동적 집-나무-사람(K-HTP) 기법을 발전시킴

- 집 그림에서는 내담자의 자아상이 투사되며, 가정환경 및 가족구성원과 관련된 정서를 일으키게 하여 내담자의 성격이나 정서에 영향을 주었을 가정환경에 대해서도 알 수 있음

- 나무 그림에는 내담자의 깊고 무의식적인 감정이 나타나며 부정적이

고 정서적 혼란된 특징들이 투사될 수 있음
- 사람그림에는 자아상, 성격, 불안, 우울과 같은 정서적인 측면이 투사됨
- KHTP은 그림을 통해서 얻을 수 있는 정보의 양적 증가와 질적 향상을 가져 옴
- KHTP의 해석에 있어서도 Maslow의 발달적 관점을 도입하여 인간이 성장과 잠재력을 함께 고찰하고 이해하도록 함
- K-HTP의 4가지 목적
  ① 자기, 가족, 학교 에너지들의 기반 속에서 개인들을 이해하는데 유용한 서로 관련되는 역동적 그림들을 좀 더 발달시킴
  ② 개인과 가족 치료에서 인간을 이해하는 데 있어서 K-HTP의 유용성을 증명
  ③ 투사적 기법들과 발달심리 사이에 하나의 다리를 제공하기 위함
  ④ 투사적 기법들과 동양적 사고 사이에 하나의 다리를 제공하기 위함

2. K-HTP(동적 집, 나무, 사람)검사의 개요

1) KHTP(동적 집, 나무, 사람)검사의 목표
- 내담자의 성격과 내면세계를 보다 역동적이고 효과적으로 파악할 수 있음

2) 그림의 질문(PDI)

(1) 집 그림의 질문

  - 이 집에는 누가 살고 있습니까

  - 사는 사람은 어떤 사람입니까

  - 이 가정의 분위기는 어떻습니까

  - 이 집에서 살고 싶을 것 같습니까

  - 이 그림에 더 첨가해서 그리고 싶은 것이 있습니까 등

(2) 나무 그림의 질문

  - 이 나무는 어떤 종류의 나무인가?

  - 나무의 나이는 몇 살인가?

  - 나무의 건강은 어떠한가?

  - 만약 이 나무가 사람처럼 감정이 있다면, 지금 이 나무의 기분은 어떻습니까?

  - 나무의 소원은 무엇인가?

  - 이 그림에 더 첨가해서 그리고 싶은 것이 있습니까? 등

(3) 사람 그림의 질문

  - 이 사람은 누구인가?

  - 이 사람은 몇 살인가?

  - 이 사람은 무엇을 하고 있는가?

  - 이 사람은 어떤 생각을 하고 있는가?

  - 이 사람의 기분은 어떠한가?

  - 이 사람의 일생에서 가장 좋았던 일은 무엇입니까?

  - 누구를 생각하며 그렸습니까?

  - 당신은 이 사람을 닮았습니까? 등

3) K-HTP 분석 시 고려해야 할 사항

　(1) 그림에 대한 전체적인 느낌들

　(2) 집, 나무, 사람의 각각의 그림에서는 어떤 느낌을 받는가

　(3) K-HTP에서 가장 큰 영향력을 나타내고 있는 것은 무엇인가

　(4) K-HTP에서의 거리와 배치는 어떠한가

　(5) 그림의 양식은 어떠한가 (구분, 가장자리, 조감도, 포위 등)

　(6) 그림 요소들의 행위는 어떠한가 (양육적, 의존성, 적대감 등)

　(7) 그림에 어떤 상징들이 나타나 있는가

II. K-HTP(동적 집, 나무, 사람)검사의 실시 및 해석

1. K-HTP(동적 집, 나무, 사람)검사의 실시

• 한 장의 종이 위에 집, 나무, 사람을 그리게 함으로써 집, 나무, 사람을 서로 비교하면 내담자에 대한 더 많은 정보를 얻을 수 있음

1) 준비물

• A4 용지, 연필, 지우개

2) 실시방법

　(1) 내담자에게 A4 용지를 가로로 제시함

(2) 지시사항에 따라 그림을 그리도록 함

- "이 종이 위에 집/나무/어떤 행동을 하는 사람의 전체 모습을 그려 주세요. 그림을 그릴 때 만화 혹은 막대기 같은 사람이 아닌 사람의 전체 모습을 그려주세요."
- 만화나 막대 인물상을 그릴 경우 다시 한 번 그리게 하는 것이 좋음
- 그림에도 막대형의 그림이나 추상적인 그림을 그릴 경우 해석적 유의미성을 지님

(3) 그림을 완성한 후 내담자에게 일반적으로 사용하는 질문을 함

2. K-HTP(동적 집, 나무, 사람)검사의 해석

1) 그림 그리는 특징에서 가능한 진단

(1) 그린 순서

① 집, 나무, 사람의 각 그림을 전체로 해서 다른 그림과 비교하여 분석해야 함

② 한 개의 그림 중에서 부분이 그려지는 순서에 따라 분석해야 함

③ 집, 나무, 사람 중 가장 먼저 그린 그림이 무엇인지 파악해야 함

집을 가장 먼저 그린 경우
✔ 세상에 소속되고자 하는 욕구 – 생존을 위한 장소
✔ 신체에 소속되고자 하는 욕구 – 신체적 욕구/ 강박관념
✔ 사회에 소속되고자 하는 욕구 – 성공에 대한 욕구/ 성공에 대한 멸시
✔ 자상한 배려를 주고받는 가정 – 창조적이고 즐거운 장소

나무를 가장 먼저 그린 경우
✔ 삶의 에너지에 대한 갈망과 성장에 대한 욕구를 필요로 하는 사람→ 성장에 대한 욕구를 가지고 있는 사람이나 생기가 넘치는 사람들에게 잘 나타남 / 자살하고 싶거나 삶에 대한 의지를 잃은 사람도 나무를 먼저 그림

사람을 가장 먼저 그린 경우
✔ 세상에 대한 소속감을 통제하는 것과 관련된 걱정을 나타냄 ✔ 신체의 과시 또는 신체를 숨기는 것을 나타냄 ✔ 성공 또는 성공에 대한 멸시를 나타냄 ✔ 삶의 에너지를 주는 사람을 나타냄 ✔ 기쁨을 주고받는 사람을 나타냄 ✔ 타인을 그린 경우 그가 특별함을 나타냄

(2) 밀착

- 밀착은 그림을 그린 사람이 자신의 삶 속에서 겪는 다양한 일들을 분리시키지 못하고 해결할 수 없다는 것을 나타냄
- 자신의 삶의 문제를 해결하지 못하거나 확실하고 명확한 삶의 길을 가지 못하는 사람들은 만성적으로 충족감을 느끼지 못하고 불만족스러워함

(3) 구획 나누기

- 한 개 또는 그 이상의 직선을 사용 의도적으로 구획하는 "양식"의 형태 → 집안에 사람을 그려 넣어 다른 사람으로부터 자신이나 자신의 감정을 격리시키는 것

- 다른 사람에게 거절당하거나 그것에 대한 두려움을 나타냄
- 의미 있는 느낌의 수용을 거부하거나 수용하는 것에 어려움이 있음을 나타냄
- 개방적 의사소통에 대한 능력이 없음을 나타냄

(4) 테두리 따라 그리기
- 모든 그림을 용지의 테두리를 따라 네 면 중에 두 면 또는 그 이상의 테두리에 그림을 그리는 것
- 직접적인 상호작용이나 참여보다 수동적인 관여를 하고자 하는 욕구를 의미
- 친밀하고 깊은 수준의 참여를 거부하고 방어하는 사람들에게 주로 나타남

(5) 포위
- 한 개 또는 그 이상의 모습을 선으로 둘러싸고 있는 경우
- 위협을 주는 대상이나 사물을 격리시키거나 없애버리고자 하는 욕구를 나타냄

(6) 동적 집/나무/사람에 대한 상징들

고양이	✓ 모에 대한 양가감정 ✓ 어머니/여성과의 상호작용, 동일시에 있어서 갈등이나 경쟁의 상징
광 대	✓ 심각한 열등감

구 름	✓ 불안이 사람의 머리 위에 걸려 있는 어떤 것
	✓ 구름 수는 가족의 수와 관련
기 자	✓ 힘
	✓ 남아 그림에서 과장하거나 강조하고자 할 때, 힘에 대한 욕구나 인식
나 비	✓ 도피적인 사랑, 아름다움 추구
난 로	✓ 양육 및 구강적 욕구
냉장고	✓ 박탈에 대한 우울증
	✓ 냉장고의 차가움은 빛이나 열과 반대되는 상징
눈사람	✓ 정서적인 박탈과 관련
달	✓ 우울함
램 프	✓ 사랑, 온정 혹은 성적인 문제
물에 떠 있음	✓ 우울증에 빠져 있거나 우울증 경향
뱀	✓ 성적 긴장을 나타내는 남성의 상징
	✓ 아동들의 경우 요충을 해거해주는 것 필요
별	✓ 박탈(신체적 혹은 정서적)과 관련
북	✓ 분노
불	✓ 종종 분노와 온정에 대한 욕구와 관련됨
	✓ 불타고 있는 잎 : 충족되지 못한 의존적 욕구, 그 결과로 생겨난 분노/양가감정
빗자루	✓ 가족의 청결을 강조하는 인물을 나타내는 최근의 상징
사다리	✓ 긴장과 불확실한 균형
	✓ 사다리와 인물 사이가 가까운 경우, 중요한 관계 혹은 상호작용
새	✓ 자유를 추구하거나 도피하려 할 때
	✓ 위로 성장하려는 경우
	✓ 새 둥지 : 보금자리의 안전을 열망하는 퇴행된 사람의 경우

쓰레기	✓ 새로운 형제의 탄생에 당황한 아동 그림에서 종종 발견 ✓ 질투 때문에 퇴행적/경쟁적 행동을 나타냄 (죄의식과 관련)
연(풍선)	✓ 구속하는 가족 환경에서 도망가고 싶은 갈망
열, 빛 따뜻함	✓ 열 : 태양, 불/ 빛: 전구, 램프, 조명/ 따뜻함 : 다리미질, 햇살 ✓ 온정과 사랑에 몰두하거나 온정과 사랑에 대한 욕구를 보여줌
오토바이	✓ 힘, 우월성
위험한 물건	✓ 수동적, 공격적 분노
잎 들	✓ 의존성과 관련될 때는 양육의 원천에 집착하는 경우
자전거	✓ 활동적
전 기	✓ 온정, 사랑, 힘에 대한 큰 욕구
줄넘기	✓ 그 사람에 대한 심각한 경쟁의식이나 질투
진공청소기	✓ 구강적 박탈 혹은 충족되지 않은 의존적 욕구의 경험
침대	✓ 성적인 것이나 우울증적인 주제와 관련
통나무	✓ 지나친 남성미의 추구, 남성미를 갖추려는 노력

2) 발달적 모델 이론으로 가능한 진단

- Burns는 Maslow의 발달적 관점을 부여
- 전체로써 인간을 보는, 건강하지 못한 면뿐만 아니라 건강한 면도 보며, 한계성 뿐만 아니라 잠재력도 고려해서 인간을 봄
- 인간은 거대한 잠재력을 가진 것으로 간주됨
- 투사적 그림들에 적용된 [Maslow의 수정된 모델]
  ① 1단계 - 생활에 대한 소속감: 생활, 생존, 안전, 일상에 대한 욕구
  ② 2단계 - 신체에 대한 소속감: 신체에 대한 수용, 신체 탐닉과 잠재성에 대한 통제력 추구
  ③ 3단계 - 사회에 대한 소속감: 지위, 성공, 존경 , 힘에 대한 욕구

④ 4단계 - 자기와 자기가 아닌 것에 대한 소속감: 동정심, 사랑을 주는 것, 양육

⑤ 5단계 - 모든 생명에 대한 소속감: 사랑을 주고 받기: 자아실현, 좋은 기회와 행운, 창조성

3) 그림 속 행동으로 가능한 진단

(1) 집 그림과 관련된 행동들

- 집은 부서지거나 기울어져 있거나 폐허가 되어 가는 모습으로 나타남
- 수평적으로 뻗어 있는 집은 그린 사람의 안정, 기반에 대한 욕구를 반영
- 수직적으로 뻗어 있는 집은 그린 사람의 힘 , 공상에 대한 욕구를 반영

(2) 나무 그림과 관련된 행동들

① 나무에 그려져 있는 동물들

- 다람쥐는 안전에 대한 관심

② 나무에 그려져 있는 새들

- 보호받기를 즐기는 의존적인 사람들
- 바깥쪽 큰 가지에 있는 새들은 자유에 대한 갈망과 관련

③ 집을 향해 부풀고 있고 구부러진 나무

- 집에 대한 안정과 안전을 갈망하는 것
- 과거로의 퇴행, 과거에의 고착

④ 아래로 처져 있는 가지들

- 해결하지 못했던 문제들에 대해 과거로 에너지를 투입하는 사람들

에게서 관찰됨

- 종종 우울증 및 과거 고착들을 반영

⑤ 위로 뻗어 있는 가지

- 나무가 지면에 잘 부착되어져 있다면, 자신의 생활들을 잘 해나가
  있는 상승하려는 사람들과 관계가 됨

⑥ 밖으로 뻗어있는 가지들

- 보호하는 듯한 나무는 보통 다른 사람을 보호하는 양육적인 사람들
  에 의해 그려짐

⑦ 원형, 소용돌이 모양의 가지

- 성장의 어떤 한 단계에 고착된 사람들을 의미

- 그림 밖으로 확장됐다면 튀어나가는 경향이 있는 사람, 그것은 극단
  적인 형태는 정신분열증 환자의 관련될 수도 있음

⑧ 집 쪽으로 가지와 잎이 무성한 나무

- 나무가 비대칭적으로 보이며, 집 쪽으로 보다 무성하게 자라면 사람
  이 균형 잡힌 성장을 하지 않고 생활의 한편에 에너지를 과잉 투여
  한다는 것을 나타냄

⑨ 집에서 먼 쪽으로 가지와 잎이 무성한 나무

- 가족이나 집의 다른 가치들을 거절하거나 경시하고, 그들 자신의 성
  장에만 에너지를 투여하는 것과 관련됨

⑩ 과일나무 : 떨어지는 과일

- 즐거워 보이는 그림에서 과일이 많이 달린 나무는 과일이 창조적인
  양육을 상징

- 빈약한 그림들에서 과일은 양육되던 과거로 돌아가고픈 소망을 나

타냄

- 나무에 달려 있는 과일의 수는 고착된 시기

- 떨어지는 과일은 자신이 타락했다고 생각하며 죄의식에 괴로워하
  는 사람들의 그림에서서 가장 흔히 보임

⑪ 떨어져 썩은 과일

- 우울증과 우울한 기분

⑫ 꼭대기에서 자라는 나무

- 의미 있는 애착을 나타냄

⑬ 나무에 그려진 사람

- [앉아 있는 사람]은 자신의 생활을 독립적으로 잘 꾸려 나가고자 함
  과 관련된 기대들이나 문제들에서부터 자기 자신을 분리시키는 사
  람을 의미함

- [그네 타는 사람]에서 그네가 달린 가지는 에너지가 어디에 쏠려 있
  는지에 관한 약간의 암시를 주며, 그네를 타는 사람들은 생활의 일
  부분을 타인의 희생에 초점을 두는 것에 대한 긴장을 나타냄/ 포위
  와 고립을 나타냄

- [가지 위에 지은 나무 집]은 위협적인 환경에서의 보호를 찾기 위한
  시도를 나타냄

III. K-HTP(동적 집, 나무, 사람)검사의 사례 및 보고서 작성
K-HTP(동적 집, 나무, 사람) 검사의 보고서 작성

1) 사례보고서

2) K-HTP 검사 보고서 양식

이름 :	나이 :	성 별 :	생년월일 :
주소 :			집 전 화 :
직업 :			직장전화 :
학교 :			
의뢰사유			
가족배경과 개인력			
검사시의 행동관찰			

전체해석 요약
검사일시: 검사장소: 검사지:

(1) 전체적 느낌과 그림의 내용

그림의 전체적 느 낌	

(2) 형식적 분석

	특 징	견 해
소요시간		
그린순서		
크 기		
위 치		
필 압		
선의 성질		
지 우 기		
대 칭 성		

방 향		
세부묘사		
생략과 왜곡		
절 단		
그림자, 음영		
투 시 화		
원 근 법		
운 동 성		
지 면 선		
기타의 표시		

(3) 개별 그림 분석

집		유무	표현의 특징	상징과 해석
주 제		무		
필수요소	지붕	무		
	벽	유		
	문	유		
	창문	무		

기타요소	굴뚝과 연기	무		
	방	무		
	울타리	무		
	길	무		
	계단과 보도	무		
	선의 질	무		
해석 및 평가			

나 무		유무	표현의 특징	상징과 해석
주 제				
필수요소	줄 기	유		
	가 지	유		
	수 관	유		
기타요소	뿌 리	무		
	꽃, 열매, 잎	무		
	지면선	유		
	동물들	무		
	옹이구멍	무		
	나무 껍질	무		
	숲	무		
	잡 초	무		
	선의 질			
해 석				

4. 사회성 그림검사I

I. KSD(학교생활화) 검사의 이론적 배경 및 개요

1. KSD(동적 학교생활화) 검사의 이론적 배경

- 동적 학교생활화 (KSD)검사는 'Knoff와 Prout'(1988)에 의해 개발 되었음
- 아동이 학교 내에서 자신과 관계되는 인물, 즉 자신과 친구, 교사가 무엇인가 하고 있는 그림을 그리도록 함
- 그림을 통해 친구, 교사와의 관계에 대한 아동의 지각을 측정하는 투사기법임
- 학생의 경우 학교생활이나 교사와의 관계, 친구들과의 관계는 매우 중요함

KSD 그림을 통해 알 수 있는 내용
✓ 학교생활의 적응 정도
✓ 교사 또는 친구들의 관계를 탐색
✓ 상담을 통해 학교생활의 적응하고 긍정적인 변화를 유도
✓ 대처방법이나 해결방안을 모색하고 실천할 수 있도록 함

- KSD는 내담자가 그림 속의 인물구성원에 대한 주관적인 판단에 따라 그림을 그림으로써 '지각의 선택성'의 특성을 가짐
  - 선택적 지각이란 그림을 그리는 사람의 인물구성원에 대한 주관적인 판단을 의미
- 내담자의 경험이나 자신이 처한 상황에 따라 교사 및 친구의 행동이나 그들에 대한 감정은 객관적일 수 없고, 주관적이며 심리적임
  - 따라서 학생들의 일상적인 태도나 감정이 학교 생활화에 투사되어 학교생활에서 교사와 친구와의 관계를 파악할 수 있음
  - 비시각적이고 비의시적인 생각들을 끄집어내어 상호관계나 역동성을 파악할 수 있음

2. KSD(동적 학교생활화) 검사의 개요

1) 동적 학교생활화(KSD)의 목표
- 학교 내에서의 태도, 친구 또는 교사와의 상호관계 및 학교생활 적응도를 파악할 수 있음

2) 동적 학교생활화를 실시할 때 유의점

- 가정문제가 가정과 학교에서 내담자에게 영향을 줄 수 있기에, KFD 와 함께 실시해야 하는 경우 KSD를 먼저 실시하는 것이 좋음
- 그림을 다 그린 후에는 그림을 그린 순서와 그림 속의 인물이 누구인 지, 그 사람이 무엇을 하고 있는지에 대해서 반드시 질문을 해야 함

3) 동적 학교생활화(KSD) 그림검사 후 질문

- 친구와 선생님이 언제, 어디에서 무엇을 하고 있습니까?
- 친구와 선생님이 이러한 상황이었을 때 당신의 기분은 어땠습니까?
- 친구들은 뭐라고 했습니까? 친구들의 기분은 어떤 것 같습니까?
- 선생님은 뭐하고 했습니까? 선생님의 기분은 어떠신 것 같습니까?
- 그림에 없는 다른 친구들은 무엇을 하고 있습니까?
- 이 그림에 더 추가하고 싶은 것은 무엇입니까?
- 당신이 그리고자 한 만큼 잘 그려졌습니까? 어떤 부분이 그리기 어려 웠고, 마음에 들지 않습니까?
- 그림을 보니 어떤 생각과 기분이 듭니까?

II. KSD(학교생활화) 검사의 실시 및 해석

1. KSD(동적 학교생활화)검사의 실시

- KSD검사 실시
  - 재료 : A4 용지, 연필, 지우개
- **방법**
① 검사자가 종이와 연필, 지우개를 제시하고, 지시사항에 따라 그림을 그리도록 함
  - "당신 자신을 포함하여 한 명 또는 그 이상의 친구와 선생님께서 학교에서 무엇인가 하고 있는 그림을 그려보세요. 만화나 막대기 같은 사람이 아닌 완전한 사람을 그려주세요. 모두가 무엇이든 하고 있는 그림을 그리도록 하세요. 당신 자신도 그리는 것을 잊어서는 안 됩니다."
② 용지 방향은 내담자가 자유롭게 선택하도록 하며, 시간제한은 하지 않아도 되지만 대개 30분 정도 소요됨
③ 그리는 도주 내담자의 여러 가지 질문에 대해서는 "자유입니다. 그리고 싶은 대로 그리세요."라고 하고 어떠한 단서도 주지 않도록 함
④ 그림을 그린 후 그림을 그린 순서와 그림 속이 인물이 누구이며, 그 사람이 무엇을 하고 있는지에 대해 질문하고 기록함
⑤ 그림을 보고 친구와의 관계, 교사와의 관계, 학교생활에 대해 질문하고 이야기를 나눔

- 학교생활에서 어떤 부분이 어렵고, 어떤 부분이 즐거운가?
- 친구나 교사와의 관계 등이 원활하지 못할 경우는 어떤 요인이 작용하고 있는가?
- 관계개선을 하고 학교생활에 적응하기 위해서는 어떤 부분이 변해야 하는가?
- 그 같은 변화를 위해 자신이 할 수 있는 것은 무엇인가? 등

2. KSD(동적 학교생활화) 검사의 해석

• 해석 방법
- 동적 가족화(KFD)와 마찬가지로 5가지 영역으로 나누어 해석
  인물상의 행위, 양식, 상징, 역동성, 인물상의 특성
- 동적 가족화의 해석에 준하여 진단하게 됨
① 인물상의 행위
  - 학습활동과 관련된 정도가 클수록 학업성취가 높은 편
  - 고함을 지른다거나 뛰기 같은 문제행동에 관여하고 있다면 학업성취도가 낮은 편
  - 자신이 쉬고 있거나 점심시간, 체육, 음악 같은 비학습적인 활동을 하고 있다면 회피나 불안문제가 있을 수 있음
② 양식
  - 교사를 자신보다 지나치게 크게 그렸다면 자신감의 결여를 나타냄
  - 교사가 지나치게 상세하게 표현되어 있다면 교사에 대해 갈등이 있

거나, 권위적이고 지배적인 모습으로 인식하는 경우임

- 교실의 물리적인 특성들이 강조되어 있다면 사회적 상호작용의 회피를 의미함

- 실외 활동을 그린 경우,학교를 싫어하거나 부과된 과제/과업에 대한 반항을 의미함

③ 상징

사 과	양육과 권위에 관한 문제를 암시하는 학교와 교사들의 활동을 나타 내기도 함
칠판이나 알림판	학교에서의 자신감 결여에 대한 불안을 의미함
교장 선생님	권위와의 갈등이나 남성 정체성에 대한 욕구를 의미하기도 함
학교 버스	✔ 학교활동에 대한 회피나 혐오, 갈등을 암시할 수도 있으며, 다른 또래친구들로부터 고립되어 있음을 나타냄 ✔ 버스가 학교로 오는 것인지, 학교를 떠나는 것인지에 대해서 확인해 볼 필요가 있음

④ 역동성

- 자신을 생략하는 아동은 자아개념이 매우 약하거나 학교생활에 흥미가 적어 소속감이 없을 수 있음

- 자신을 먼저 그리는 아동은 학교생활에서 자기주장이 강하고 자신있는 생활을 함

- 자신을 나중에 그리는 아동은 겸손하거나 내성적이고 다소 소외적 성향이 있음

- 아동 가까이 그리거나 아동보다 먼저 그린 사람은 학교에서 가장 친하거나 의지하는 친구 임

- 교사를 가장 먼저 그리거나 중앙에 그린다면 학교생활에서 교사의 위치를 중요하게 생각함
- 교사의 생략은 교사에 대해 무관심하거나 부정적인 감정을 표현하고 있음

⑤ 인물상의 특성

- 학업상황, 상호작용, 협동성, 피학성, 가학성을 파악하여 동적 가족화의 해석에 준하여 행함

음영	✓ 신체 한 부분에 음영이 그려질 경우 그 신체 부분에 몰두하고 있거나 불안감을 느끼고 있음을 시사하기도 함 ✓ 음영이 표시된 인물에 대한 분노감, 적개심 등의 표현일 가능성도 있음
얼굴 표정	✓ 직접적인 정서적 반응을 나타냄 ✓ 얼굴표정 생략은 갈등이나 정서적 어려움을 회피하거나 거리감을 두려는 시도
회전된 인물상	회전된 인물은 거리감, 거부감 또는 갈등적인 감정을 나타냄
막대기 모양 인물상	정서적 유대감과 애정적 교류가 부족하며, 갈등관계에 있거나 갈등관계에 있는 대상에 대한 저항을 나타낼 수 있음

1. KSD(동적 학교생활화)검사의 사례

1) 가정불화로 불안이 높은 청소년의 KSD 사례
2) 불안, 소심, 위축을 호소하는 아동의 KSD 사례
3) 학교부적응을 호소하는 아동의 KSD 사례
4) ADHD 증상을 보이는 아동의 KSD 사례
5) 또래관계의 문제를 보이는 아동의 KSD 사례

2. KSD(동적 학교생활화)검사의 사례 보고서

1) 대인관계가 원만하지 않은 청소년의 KSD 사례 보고서
2) 학교 부적응을 겪고 있는 아동의 KSD 사례 보고서

5. PITR(빗속의 사람)검사

I. PITR(빗속의 사람)검사의 이론적 배경 및 개요

1. PITR(빗속의 사람)검사의 이론적 배경

- 아널드 에이브럼스(Arnold Abrams)와 에이브러햄 암친(Abraham Amchin)에 의해 개발되었음
- 이 기법은 인물화를 변형시켜 만든 것으로 빗속에 서 있는 사람을 그리도록 하는 것임
- 사람그리기를 기본으로 비가 내리는 상황을 추가한 것이지만, 독특하고 다양한 정보를 제공하는 경우가 많음
- 정신과 환자들에게 비교적 높은 타당도를 가짐
- 일반인의 경우 우울정서나 스트레스 등의 정서를 다루는 데 많이 사용
- 아동 대상으로는 PITR을 적절하게 응용한 'Draw-A-Child-In-The-Rain'을 사용하고 있음
- 빗속의 사람 그림검사는 임상에서 내담자 개인의 스트레스 정도와 대

처능력을 측정함

- 스트레스 정도

  '비를 스트레스로 보고 현재 얼마나 많은 스트레스를 겪고 있다고 느끼는가?'를 살핌

- 대처능력에서는

  '힘든 상황에서 어떻게 반응하는가?', '어려운 상황에 대면 시 어떤 방어기제를 사용하는가?' 등을 알아보기 위해 실시함

2. PITR(빗속의 사람)검사의 개요

1) 빗속의 사람(PITR) 그림검사의 개요

- 원래 Fay(1923, 1934)에 의해 개발되었음
- Taylor(1959)는 연구자들이 내용의 질이 아닌 점수에 근거해 평가 매겼기 때문에 이 척도를 12세까지 유용한 측정수단으로 구별하는 데에 쓰임
- 아동에게 잠재되어 있는 인지적 평가의 절차로서, 특히 장애가 있거나 신경학적 문제, 학업적. 감정적 문제를 가진 아동들에게 더 지지되었음
- 신경정신의학 분야에서 꾸준히 사용되어 왔음

그림 평가 방법
✔ 그림 속에 그린 사람은 다른 그림 기법과 마찬가지로 자아상을 나타냄
✔ 비는 외부적 곤란이나 스트레스 상황을 의미
✔ 빗속의 사람 그림을 통해 내담자의 자아존중감 및 자아개념을 파악할 수 있으며, 외부환경에 대한 지각 태도를 알 수 있음
✔ 내담자의 외부자극이나 스트레스를 대처하는 정도를 파악하려면 그림 속의 사람이 비에 대해 어떻게 대처하고 있는지를 보면 됨

2) 빗속의 사람(PITR)의 목표

- 내담자가 현재 겪고 있는 스트레스 정도와 스트레스 대처능력을 파악함

3) 그림을 그린 후 일반적으로 사용하는 질문

- 질문을 통해 내담자의 반응에 대해 서로 이야기함

✔ 이 그림을 보면 어떤 느낌이 듭니까?
✔ 이 사람은 몇 살입니까?
✔ 이 사람은 무엇을 하고 있습니까?
✔ 이 사람을 보면 누가 생각납니까?
✔ 이 사람의 현재 기분은 어떨까요?
✔ 이 사람에게 필요한 것은 무엇일까요?
✔ 이 사람은 비에 젖어 있습니까?
✔ 바람은 불고 있습니까?
✔ (사람이 여러 명일 경우) 주인공은 누구입니까?

II. PITR(빗속의 사람)검사의 실시 및 해석

1. PIRT(빗속의 사람)검사의 실시

■ 방법

(1) 준비물 : A4 용지, 연필, 지우개

(2) 과정

　① 검사자가 종이와 연필, 지우개를 제시하고, 다음의 지시사항에 따라 그림을 그리도록 함

> "지금 비가 내리고 있습니다. 빗속에 있는 사람을 그려주세요. 사람은 만화나 막대기 모양으로 그리지 않도록 합니다."

　② 내담자의 질문에는 "자유입니다. 그리고 싶은 대로 그리면 됩니다". 라고 말하고, 그림 모양이나 크기, 위치, 방법에 대해 어떠한 단서도 제시하지 않도록 한다.

　③ 그림 그리기를 마친 후, 검사자는 내담자에게 아래와 같은 질문들을 한다.

> "친구나 교사와의 관계 등이 원활하지 못 할 경우는 어떤 요인이 작용하고 있는가?"
> "관계개선을 하고 학교생활에 적응하기 위해서는 어떤 부분이 변해야 하는가?"
> "그 같은 변화를 위해 자신이 할 수 있는 것은 무엇인가?" 등

④ 그림을 그린 후 검사자는 그린 순서와 그림 속의 인물이 누구이며, 그 사람이 무엇을 하고 있는지에 대해 기록한다.

⑤ 그림을 그린 후 그림에 대해 내담자와 이야기를 나눈다.

2. PITR(빗속의 사람)검사의 해석

■ 해석 방법

• 내담자가 스트레스에 대해 어느 정도의 무게로 받아들이는지와 이에 대한 대처능력이 어느 정도인지를 알아보는 것임

• 해석 방법은 그려진 그림의 내용을 통해 해석하는 방법과 채점 기준표를 활용한 객관화된 척도를 사용해 평가하는 두 가지 방법이 있음

(1) 그림의 내용적인 평가

- 그림의 내용적 평가는 스트레스 영역과 대처자원 영역의 두 가지 영역으로 나누어 평가

- 평가자는 영역 외에 나타난 그림의 상징과 의미를 찾아 해석하려고 노력해야 함

① 빗줄기의 양
✔ 비는 스트레스로, 빗줄기의 양은 스트레스의 양을 나타냄
✔ 빗속의 사람을 그리라고 했지만 그림 속에 비가 없다거나 빗물이 아주 적은 경우는 스트레스에 무딘 것을 나타냄
✔ 빗줄기의 양이 많고 굵기가 굵다면 받고 있는 스트레스의 양이 그만큼 많다는 것을 나타냄

② 비에 대한 반응
✔ 비에 대한 반응은 스트레스에 대한 대처자원을 나타냄 ✔ 우산을 쓴다거나 처마가 달린 집에 피해있는 것 등 비를 맞지 않고 대응한다면   그것은 처해 있는 스트레스에 적절히 대응하고 있다는 것을 의미함

③ 빗속의 사람

✔ 자신의 자화상을 나타냄.
✔ 인물상이 크고, 인물을 가리지 않고 드러내고 있으면서 표정이 밝고 미소를 띠
  고 있는 경우, 인물상의 위치가 중앙에 위치하고 있는 경우에는 대처자원이 있
  는 것으로 생각할 수 있음
✔ 빗속의 사람의 표정, 행동, 위치 등으로 지금 자신의 모습을 볼 수 있음
✔ 그 사람이 느끼는 감정도 그림을 통해 짐작할 수 있음

(2) 채점기준표를 활용한 객관화된 척도

- PITR 의 채점기준은 일반적으로 스트레스 스케일 14개 항목

- 대처자원을 측정하는 항목 11개

- 채점은 정도에 따라 3점 척도로 구성

- 스트레스 영역에서 높은 점수는 스트레스가 많은 것을 의미하고, 대
  처자원 영역에서 높은 점수는 대처자원이 풍족하다는 것을 의미함

① PITR 척도의 내용

영 역	내 용
스트레스 영역 (14개 항목)	비의 양, 비의 세기, 비의 모양, 바람의 세기, 비와 사람의 접촉, 비와 구름의 접촉, 구름의 면적, 번개의 수, 위력, 번개와 사람의 관계, 웅덩이의 수, 웅덩이의 면적, 웅덩이와 사람의 관계

대처자원 영역 (11개 항목)	직접 보호물의 수, 간접 보호물의 수, 전체 보호물의 수, 직접 보호물의 적절성, 간접 보호물의 적절성, 얼굴의 모습, 얼굴 표정, 인물의 크기, 인물의 위치, 전체인물의 모습, 스트로크

② PITR 스트레스 스케일의 점수체계

척 도	내 용
S1	✔ 비의 양 : 비를 나타낸 선으로, 선의 개수를 셈 - 1점 : 없거나 적다(빗줄기를 나타내는 선이 14개 이하) - 2점 : 보통이다(빗줄기를 나타내는 선이 25개 이하) - 3점 : 많다(빗줄기를 나타내는 선이 25개 이상)
S2	✔ 비의 세기 : 비를 나타내는 선의 굵기와 길이를 봄 - 1점 : 약하다(1in 이하) - 2점 : 보통이다(1~2in) - 3점 : 강하다(2in 이상)
S3	✔ 비의 모양 : 그림에서 비의 모양을 봄 - 1점 : 없거나 점 모양 - 2점 : 원 모양이나 타원 모양 - 3점 : 직선이나 직선과 원을 같이 그린 경우
S4	✔ 바람의 세기 : 비를 나타낸 선의 기울기 정도를 봄 - 1점 : 없다(직선) - 2점 : 약하다(사선 30도 미만) - 3점 : 강하다(사선 30도 이상)
S5	✔ 비와 사람의 접촉 : 비와 사람이 닿았는지 떨어져 있는지를 봄 - 1점 : 접촉이 없다(비와 사람의 접촉이 없을 때) - 2점 : 조금 접촉(비와 사람이 조금 접촉해 있을 때 / 우산이 있지만 비를 맞은 경우, 우산 안으로 비가 들어온 경우) - 3점 : 많이 접촉(비가 인물 위에 직접 내리거나 인물과 비의 접촉이 많을 때 / 우산 없이 비를 직접적으로 맞는 경우)

S6	✔ 비와 구름의 접촉 : 비와 구름이 닿았는지 떨어져 있는지를 봄 - 1점 : 접촉이 없다(비와 구름의 접촉이 없을 때) - 2점 : 조금 접촉(비가 구름에 조금 접촉해 있을 때/ 비와 구름이 맞닿아 있는 경우) - 3점 : 많이 접촉(비와 구름의 접촉이 많을 때/ 비가 구름 안으로 완전히 접촉한 경우)
S7	✔ 구름의 수 : 구름의 수를 셈 - 1점 : 없다 - 2점 : 1~2개 - 3점 : 3개 이상
S8	✔ 구름의 면적 : 가장 큰 구름의 가로 길이를 기준으로 측정함 - 1점 : 좁다(구름이 없거나 1in 이하) - 2점 : 보통이나(2in 이하) - 3점 : 넓다(2in 이상)
S9	✔ 번개의 수 : 번개의 개수와 천둥, 우레 소리의 표시도 번개로 계산됨 - 1점 : 없다 - 2점 : 1~2기 - 3점 : 3개 이상
S10	✔ 번개의 위력 : 번개의 세로 길이를 측정함 - 1점 : 없다(번개가 업거나 세로 길이가 1in 이하) - 2점 : 보통이다(번개의 세로 길이가 2in 이하) - 3점 : 강하다(번개의 세로 길이가 2in 이상)
S11	✔ 번개와 사람의 관계 : 번개와 사람의 거리를 봄 - 1점 : 멀다(번개가 없거나 2in 이상) - 2점 : 가깝다(2in 미만) - 3점 : 직접 접촉(번개와 사람이 직접 닿았을 때)
S12	✔ 웅덩이의 수 : 웅덩이의 수를 봄 - 1점 : 없다 - 2점 : 1~2개 - 3점 : 3개 이상

S13	✓ 웅덩이의 면적 : 가장 큰 웅덩이의 가로 길이를 기준으로 측정함 – 1점 : 좁다(웅덩이가 없거나 1in 이하) – 2점 : 보통이다(1~2in) – 3점 : 넓다(2in 이상)
S14	✓ 웅덩이와 사람의 관계 : 웅덩이와 사람의 거리를 봄 – 1점 : 멀다(웅덩이가 없거나 2in 이상) – 2점 : 가깝다(2in 미만) – 3점 : 직접접촉(웅덩이와 사람이 직접 닿았을 때)

[스트레스 총 점수] = [S1~S14의 총합]
총 스트레스 점수가 높으면 스트레스가 많은 것이고, 점수가 낮으면 스트레스
가 적은 것으로 봄

③ PITR 대처자원 스케일의 점수체계

R1	✓ 직접보호물의 수 : 우산, 우비, 장화, 모자 등 비를 피하기 위해 입은 보호물의 수를 셈 – 1점 : 없다 – 2점 : 1개 – 3점 : 2개 이상
R2	✓ 간접보호물의 수 : 집, 나무, 가방, 자동차 등 1번을 제외한 비를 가릴 수 있는 다른 보호물의 수를 셈 – 1점 : 없다 – 2점 : 1개 – 3점 : 2개 이상
R3	✓ 전체 보호물의 수 : 직접 보호물과 간접 보호물의 수를 합함 – 1점 : 없다 – 2점 : 1~2개 – 3점 : 3개 이상
R4	✓ 직접보호물의 적절성 : 직접보호물이 비로부터 사람을 잘 보호할 수 있는지 봄 – 1점 : 없다(직접 보호물이 없거나 직접적으로 영향을 주지 않음) – 2점 : 부족하다(직접 보호물은 있으나 비를 맞음) – 3점 : 충분하다(사람이 비를 맞이 않는다)

R5	✔ 간접보호물의 적절성 : 비를 피할 수 있는 다른 보호물이 적절한지 봄 - 1점 : 없다(간접 보호물이 없거나 직접적으로 영향을 주지 않음) - 2점 : 부족하다(간접 보호물은 있으나 비를 맞는다) - 3점 : 충분하다(사람이 비를 맞지 않는다)
R6	✔ 얼굴 모습 : 얼굴의 방향이나 가려진 정도를 본다 - 1점 : 모두 가려짐(뒷모습이거나 얼굴전체가 가려져 있다) - 2점 : 부분만 보임(옆모습이거나 얼굴 일부가 가려져 있다) - 3점: 전체가 보임(정면으로 얼굴이 다 보임)
R7	✔ 얼굴표정 : 눈과 입, 기분을 중심으로 얼굴 전체 표정을 봄 - 1점 : 기분이 좋지 않다(울거나 화난 모습) - 2점 : 그저 그렇다(무표정, 일자로 된 입의 모습) - 3점 : 기분이 좋다(웃는 모습)
R8	✔ 인물의 크기 : 전체 종이에 인물이 차지하는 크기를 봄 - 1점 : 아주 작다(인물 크기가 2in 미만) - 2점 : 보통이다(인물 크기가 6in 미만) - 3점 : 아주 크다(인물 크기가 6in 이상)
R9	✔ 인물의 위치 : 전체 종이에 인물이 있는 위치를 본다 - 1점 : 가장자리(인물이 채점 상자를 벗어나 있거나 용지의 가장자리에 있음) - 2점 : 중심에서 벗어남(인물이 채점 상자에 한 방향으로 걸쳐 있음) - 3점 : 중심
R10	✔ 전체 인물의 모습 : 인물의 머리부터 발끝까지 그렸는지를 봄 - 1점 : 상반신까지(허리 아랫부분을 그리지 않은 경우) - 2점 : 하반신까지(발목과 다리를 그리지 않은 경우) - 3점 : 전체가 있다(몸 전체가 있는 경우)
R11	✔ 스트로크 : 선의 질감을 봄 - 1점 : 불균형(떨림이나 끊어진 선) - 2점 : 부분적 불균형(부분적으로 떨림이나 끊어진 선) - 3점 : 전체적 균형(연속적으로 부드러운 선)

✔ 대처자원의 총점이 높음 → 스트레스 처리 자원 많음

✔ 대처자원의 총점이 낮음 → 스트레스 처리 자원 적음

✔ [대처능력] = [총 대처자원 점수] - [총 스트레스 점수]

✔ 점수가 양수이면, 스트레스를 처리하고도 양수만큼의 자원이 확보된 상태

✔ 점수가 음수이면, 그 음수의 수만큼 스트레스가 쌓여 있는 것

④ 상담과정으로의 적용

  - 빗속의 사람은 스트레스를 측정하는 기법

  - 그림을 보면서 현재 그림이 된 배경, 즉 겪고 있는 스트레스에 대해 이야기 나눔

✔ 자신이 활용할 수 있는 대처자원은 어떤 것이 있는가?
✔ 이 방법이 자신의 문제를 해결하고 해소하는 데 얼마나 도움이 되는가?
✔ 이 자원 이외에 개발해야 할 자원은 어떤 것이 있는가?

  등을 찾아보도록 하는 것이 좋음

  - 대처자원을 일상생활에서 직접 활용할 수 있도록 함

III. PITR(빗속의 사람)검사의 사례 및 보고서 작성

6. DAS(그림이야기 검사)

I. DAS(그림이야기법) 검사의 이론적 배경 및 개요

1. DAS(그림이야기법) 검사의 이론적 배경

- 그림이야기법(DAS : Draw A Story Instrument) 검사는 Silver가 개발,.우울과 공격성을 사정하기 위해 만들어졌음

- 1988년부터 현재까지 Silver를 비롯한 많은 연구가들이 DAS를 적용하여 연구한 결과에 대해 진단의 용이함을 보고하고 있음

- DAS 검사 초기에는 언어장애를 가진 아동들의 의사소통 방법으로 사용되었으나, 점차 표현을 이끌어내는 자극화를 선택하여 일반 아동과 성인의 심리진단도구로 발전하게 되었음

- 제시되는 14개의 자극 그림 중 두 가지를 선택하여 어떠한 관계가 있는지 상상하여 그리는 검사임. .14개의 자극 그림 속에 존재하는 대상 간의 관계를 부각시켜 표현

- 채점에 있어서도 그림에 나타난 정서나 인상에 근거하기보다는 내담

자가 진술한 대상 간 관계 내용을 중심으로 평가함

- DAS의 적용범위는 5세부터 성인에 이르기까지 다양한 연령층에 사용될 수 있음
- 언어적으로 제한된 반응을 보이거나 그림을 그리는 것에 어려움을 호소하는 내담자들의 심리상태를 평가하는데 유용함
- 심리적인 부분 뿐 아니라 기술적인 부분에서도 많은 불편감으로 오는 방어가 있을 수 있는데 DAS는 자극화를 옮겨 그려 이야기를 끌어내기 때문에 비교적 편안할 수 있는 장점이 있음

2. DAS(그림이야기법) 검사의 개요

1) DAS 검사의 개요

- 그림은 그것을 그린 사람의 지적능력과 정서 및 심리적 어려움을 이해하는데 중요한 검사 도구로 사용되어 왔음
- 그림검사는 검사자가 제시한 주제를 그림으로 그리는 것이 요구되는데 이런 유형의 검사는
  → 그린 사람의 다양한 측면을 이해하는데 유용한 것이 사실이나 우울하고 위축된 사람의 경우 그림을 시작하는 것 자체가 힘들어하여 어려움을 호소하는 경우가 많음
  → 그림을 시작하는 것 자체가 어려운 사람의 경우, 그림의 주제뿐만 아니라 구체적인 그림자극이 있을 때 보다 쉽게 반응을 산출하게 됨
- 그림이야기 검사법은 우울과 관련된 주제를 그림자극으로 제시하여

선택된 두 가지 이미지의 관계를 통해 평가함

- DAS에서 사용되는 자극 그림은 A형과 B형 두 가지가 있음
- Silver가 B형을 만든 이유가 A형에 나타난 자극들이 부정적인 환상을 자극하는 경향이 있으므로 부정성을 상쇄하기 위해서임
- 평가점수는 그림에서 표현된 내용과 관계 등에 따라 5점 척도로 진단됨
- 점수자체에 우울증을 판단하는 척도를 가지고 있어 우울증의 초기진단을 위한 도구로 사용되고 있음
- 검사 시 주의 사항
  - 검사를 하는 동안 대화를 최소화하여 내담자가 집중하여 그림을 그릴 수 있도록 환경을 제공해야 함
  - 개인은 물론 집단으로도 실시할 수 있음

2) DAS(그림이야기법)의 목표

- 우울증이나 공격성의 심리상태를 파악함

II. DAS(그림이야기법) 검사의 실시방법 및 해석

1. DAS(그림이야기법)검사의 실시방법

1) DAS(그림이야기법) 그림검사의 실시방법

(1) 준비물
  - DAS 검사지(A유형, B형), 자극그림, 4B연필, 지우개

(2) 실시과정
  ① 14가지 자극그림을 제시하고 그 중 두 가지를 선택하게 하여 선택
    한 두 가지 그림 사이에서 어떤 일이 일어나고 있는지 상상하도록
    하여 그리게 함
  〈A 형의 14가지 자극그림〉
  〈B 형의 14가지 자극그림〉
  - 강의노트 부록 참고 -
  ② DAS를 실시할 때 검사자의 지시사항은 다음과 같음
    " 지금부터 여러분은 한 가지 그림을 그리게 됩니다. 그림을 잘 그
    리거나 못 그리는 것은 중요하지 않습니다. 여러분의 아이디어와
    상상력을 표현하시면 됩니다. 먼저 제시된 14개의 자극그림 중 마
    음에 드는 그림 두 가지를 선택하십시오. 그 두 가지 그림 사이에 어
    떤 일이 벌어지고 있는지 상상해 주십시오. 그것을 하나의 이야기

로 만들어 그림으로 그려주시면 됩니다. 제시된 자극그림을 변형하셔도 되며, 첨가시켜도 됩니다. 그림 그리기가 끝나시면 어떤 이야기가 들어 있는지 간략히 메모해주시기 바랍니다."

③ 제시된 자극그림은 스토리상 필요에 의해 변형되거나 추거될 수 있다는 점을 미리 말해주며 제한시간은 두지 않음

④ 그림이 완성되면 그림 아래에 제목이나 이야기를 써 놓도록 한다. 그림이나 글이 이해할 수 없다고 판단될 경우 검사자는 내담자에게 그림에 대한 설명을 요구하며, 추가적으로 기록하게 된다.

⑤ 그림의 의미에 대한 나눔과 현실의 자신과 유사한 점이 있는지 등에 관한 나눔시간을 가짐

(3) 검사 후 다음과 같은 질문을 할 수 있음

- 그들은 지금 무엇을 하고 있습니까?
- 그들은 서로 어떤 관계인가요?
- 그들은 무엇을 생각하며 느끼고 있습니까?
- 앞으로 무슨 일이 일어날까요?
- 이 일 전에는 무슨 일이 일어났습니까?
- 이 그림을 그릴 때의 기분은 어땠습니까?
- 그림 속의 나는 무엇으로 표현되었습니까?
- 이 그림 속의 인물이 자신이라면 어떻게 느끼거나 생각할까요?
- 이야기에 나온 주인공의 성별이나 나이는? …

2. DAS(그림이야기법) 그림검사의 해석방법

- DAS의 채점은 정서내용, 자기상, 자기보고, 유머, 공간사용의 정도에 따라 1~5점의 점수가 부여됨
- 점수가 낮을수록 우울정도가 심한 것으로 평가됨

1) 정서내용 채점기준

점수	평가	이야기내용
1	매우 부정적인 내용	– 슬프거나, 고립되어 있거나, 도움을 받을 수 없거나, 죽을 위험에 처해 있는 인물 – 파괴적, 살인적 또는 생명 위협적인 관계
2	다소 부정적인 내용	– 좌절, 공포, 무서움 또는 불운한 인물 – 스트레스를 느끼거나 적의가 있는 관계
3	중립적이거나 양가적인 내용	– 애매하거나 갈등을 나타내는 부정적이면서 긍정적인 관계 또는 인물 – 명료하지 않거나 분명하지 않은 관계 또는 인물 – 부정적이든 긍정적이든 비정서적인 관계 또는 인물 – 그려진 대상 또는 관계에 대해 표현된 감정이 없는 인물
4	다소 긍정적인 내용	– 행운은 있지만 수동적인 인물 – 친한관계
5	매우 긍정적인 내용	– 행복하거나 목표를 달성한 인물 – 돌봐주거나 사랑하는 관계

2) 자기상 채점기준

점수	평가	이야기내용
1	병적인 환상	– 비통, 고립, 치명적인 위험에 빠진 것으로 표현된 대상과 동일시할 때

2	불행한, 불쾌한 환상	– 놀람, 좌절, 불행과 관련된 묘사 – 짜증스러움, 욕구불만 / 불운한 존재로 묘사된 대상과 동일시하고 있을 때
3	양가적, 비정한, 애매모호한 환상	– 분명하지 않거나 보이지 않는 것으로 나타나는 묘사 – 불분명 / 애매하거나 양가적, 아무런 감정이 없는 것으로 묘사된 대상과 동일시할 때
4	유쾌한 환상	– 수동적인 행운과 관련된 묘사 – 수동적이지만 운 좋은 것으로 묘사된 대상과 동일시 할 때
5	욕구충족, 소원을 이루는 환상	– 행복한, 사랑받는, 강력한, 뛰어난, 위협적인, 파괴적인, 공격적인, 성취적인 것과 관련된 묘사 – 존경스럽고, 친밀하며, 긍적적, 목표달성 대상과 동일시 할 때

3) 유머

점수	평가	이야기내용
1	강한 치명적 유머	– 고통스럽게 죽거나 죽을 위험에 처해 있는 대상 때문에 재미난 것 – 불안, 죽음, 고통, 공포, 고통을 느끼게 하는 잔인함 또는 쾌감이 없는 것
2	비방성 유머	– 어리석거나 놀라거나 좌절하거나 불운한 대상이 보는 사람들로 하여금 웃음을 자아내게 하는 것 – 다른 사람을 조롱하는 것, 자기자신을 조롱하는 것, 대상이 매력적이지 않거나 좌절했으며, 바보 같거나 불운하지만 치명적인 위험에 처해 있는 않은 것
3	양가적 유머	– 의미가 불분명하고, 양가적이며, 애매한 것
4	반동 유머	– 문제점을 극복하고, 불안을 완화하며, 안전하게 하는 것 결과는 희망적이거나 호의적인 것 – 주요 대상이 역경을 극복한 것
5	해학적 유머	– 보는 이들로 하여금 즐거움, 유쾌함을 느끼게 하는 것 – 유머를 공유하도록 하며 비난이 전혀 없는 것, 친절하고 우스꽝스러운 단어를 사용한 유머가 있는 것

4) 자기보고

점수	이야기내용
1	- 가장 부정적인 내용이 나타나며, 그림에 나타난 대상이 슬프거나 고립되어 있고, 무기력하거나 자살 혹은 치명적인 위험에 노출되어 있음. 대상 간 관계는 파괴적이거나 한쪽이 다른 한쪽을 살해하거나 위협함(예 : 슬퍼요)
2	- 다소 부정적인 내용으로, 대상이 좌절하거나 겁에 질려 있고 불운하다. 표현된 관계는 스트레스를 주거나 적대적 임(예 : 놀랐어요, 불안해요, 화나요)
3	- 대상이나 관계가 부정적인 면과 긍정적인 면 양쪽을 다 그려내거나 양가적 혹은 갈등적임,. 관계가 모호하거나 분명하지 않은 경우도 해당되며, 어떠한 감정도 드러나지 않은 경우에도 여기에 해당함(예 : 무응답, 중복응답, 불분명한 응답)
4	- 다소 긍정적인 내용이 드러난 경우로, 대상이 수동적이기는 하나 운이 좋은 경우 혹은 관계가 우호적인 경우임(예 : 괜찮아요)
5	- 상당히 긍정적인 내용으로, 대상이 행복하거나 목표를 성취한 경우임. 표현된 관계는 서로를 보살피거나 사랑하는 관계임(예 : 매우 좋아요)

5) 공간 사용 채점기준

점수	이야기내용	
1	20% 이하	1~5칸
2	40% 이하	6~10칸
3	60% 이하	11~15칸
4	80% 이하	16~20칸
5	100% 이하	21~35칸

- DAS 검사지를 25칸으로 나누어 사용

- 사용된 칸을 합하여 공간 사용 점수를 부여함

- 한 칸이 4% 공간 사용을 나타냄

- 공간상징을 통한 심리상태 관찰이 가능

- 수직구조와 수평구조를 통해 감정 측면의 조화와 통합을 알 수 있음

7. PPAT(사과따는 사람 그리기)

I. PPAT(그림이야기법) 검사의 이론적 배경 및 개요

1. PPAT(그림이야기법) 검사의 이론적 배경

1) PPAT 검사의 배경
- PPAT 검사는 '사과나무에서 사과 따는 사람 그리기'라는 그림검사로 Gantt & Tabone(1998)에 의해 소개됨
- Gantt & Tabone(1998)은
  - 1986년 - 그림에서 보여지는 특정유형만으로도 다른 정보 없이 진단적 범주를 구분할 수 있을 것이라는 가정하에 정신분열증 환자, 양극성장애, 주요우울증환자, 정신지체인의 그림을 모으기 시작
  - 1987년 - 검사에 사용되는 재료와 지시어를 표준화 시킴
  - 연구 결과 - DSM-IV에서 정의하는 장애증상에 따라 그림들이 상당히 다른 특징을 보인다는 것을 발견하게 됨
  - 미술치료 평가요소에 따라 FEATS(The Formal Elements Art

Therapy Scale,형식척도)와 Contents Scale(내용척도) 라는 평가 기준으로 체계화 함
- 내용 중심적 분석과 구조 중심적 분석의 장점과 한계점에 대한 인식을 가지고 객관적인 평가기준을 만듦
- 형식척도에 나타난 결과를 내용척도를 통해 구체화 시킴
  - 형식척도 – 색의 상대적인 양, 적절성
  - 내용척도 – 구체적인 색상들을 측정하는 것
- PPAT 검사는 형식 요소들을 평가기준에 포함시킴으로써 투사적 그림검사의 한계로 지적되었던 채점자간 신뢰도를 달성할 수 있게 됨
- Gantt & Tabone(1998)은 1994년 정신과 환자들을 대상으로 투사적 그림검사 평가도구의 타당성을 증명함
- FEATS(The Formal Elements Art Therapy Scale)에서 14개 항목을 분류, 정리함
- 표준화된 재료와 절차 및 채점 기준을 구조화한 PPAT 검사는 여러 문헌을 통해 잘 개발된 미술치료 평가도구로 인정받고 있음

2. PPAT(사과따는 사람) 검사의 개요

1) PPAT 검사의 특징
- PPAT 검사는 자아를 상징하는 인물과 나무라는 요소 외에 '사과를 따는' 목적성을 가진 행위가 추가됨
- 어떤 식을 사과를 따는지에 대해 그림을 그린 사람의 문제해결 방식

을 보여 줌
- 다양하게 그려진 모습들은 그 사람의 심리적 상태를 반영해 주는데, 동작성이 있는 다른 그림검사(K-HTP, KFD)와는 다르게 그림을 그린 사람의 문제해결력을 측정할 수 있다는 특성을 가짐
- PPAT 검사의 주요 특징은 색을 사용한다는 점
  - 다른 검사와 달리 12색의 마커를 제시하도록 명시하고 있음
- 유채색 도구는 색채로 표현되는 개인의 성향, 기질, 정서적인 면까지 투사할 수 있게 함
- PPAT에서 마커의 사용은
  - 통제성이 높고, 복원 가능성이 낮으며,
  - 색감이 명확한 매체,
  - 검사자는 피검자의 통제에 대한 욕구나 조심성, 억제적 경향을 매체 사용을 통하여 확인할 수 있음
- PPAT 검사는 사과나무라는 비교적 범문화적으로 친숙한 주제를 사용함으로써 다양한 연령의 사람들에게 적응 할 수 있음
- 명확한 주제를 제시함으로써 동일한 내용을 볼 수 있어 시간경과에 따른 피검자의 변화 정도를 비교할 수 있음
- PPAT 검사가 제시하는 명확한 검사 실시 지침과 구체적인 평가기준은 누구라도 검사를 통해 그림을 점수화하여 장애증상과 특징적인 부분들을 이해할 수 있는 장점을 가짐

2) PPAT 검사의 구성요소
① 문제해결

- 개인의 문제해결력을 측정할 수 있다는 점이 다른 투사적 그림검사와 구별되는 가장 큰 특징임
- 각자 다른 방법을 사과를 획득하는 문제를 해결할 것이라는 가정 하에
  → 사과를 따는 방법과 태도는 그 사람이 획득하는 방법 뿐 아니라 획득한 사과를 보관하고 운반하는 등의 추가적인 요소를 통해 현실에서 문제 상황에 대처하는 개인의 특성을 살펴볼 수 있음

② 인물
- PPAT 검사에서는 색채를 통한 인물 표현이 가능
- 사과를 따는 목적성이 가미된 인물의 표현을 유도하여 기존의 인물화보다 동작성을 더 잘 나타낼 수 있는 가능성이 제시됨
- PPAT검사의 동작성은 그림을 그린 사람의 실제적 에너지와 관련이 있음
- 인물화의 분석으로 평가함

③ 나무
- 나무그림은 사람그림보다 덜 직접적으로 무의식적인 현재 상황을 표현함
- 사람그림이 의식적인 수준의 자신과 환경과의 관계를 나타낸다면, 나무그림은 좀 더 심층적인 수준의 자기개념을 반영함
- 무의식적인 현재 상태에서 느끼는 자신의 모습을 나무그림에 투사함으로써 나무그림은 개인의 성격발달이나 성격 성숙도를 이해할 수 있는 자료가 됨
- 나무는 자신을 어떻게 보느냐를 분명히 해주는 개인성의 상징임
- 나무그림을 평가하는 기본적인 구성요소로 평가함

‥ 뿌리, 줄기, 가지 수관, 꽃, 열매 등

‥ 필압 위치, 형상 등

④ 그림의 색

- 색은 인간에게 여러 가지 감각으로 지각되고 심리적인 부분에 영향을 줌
- 색 사용은 그리는 사람의 정서적인 반응이 표출되고 방어를 줄이는 데 효과적임
- 색을 통해 개인의 성향, 기질, 정서 등을 투사하는 할 수 있는 중요한 매체임
- 색을 이용한 그림은 수검자의 참을성, 통제능력, 부가적인 정서반응을 알 수 있고, 색의 선택과 사용은 성격연구에서 중요한 접근방법의 하나임
- PPAT 검사는 색과 환경이라는 요소를 한 장의 그림 안에서 확인할 수 있으며, 개인의 정서적인 부분과 성향 등의 정보를 파악할 수 있음

3) PPAT 검사의 목표

• PPAT는 나무와 사람으로 표현되는 자기상과 사과 따는 상황의 그림 표현을 통해 우울수준이나 우울정서는 물론 문제해결, 목적의 성취방법 등을 알아볼 수 있음
• 우울감, 자기효능감의 척도와 같이 사용할 수 있음

II. PPAT(사과따는 사람) 검사의 실시방법 및 해석

1. PPAT(사과따는 사람)검사의 실시방법

1) PPAT(사과따는 사람) 그림검사의 실시방법
 (1) 준비물
   - 8절 흰색 도화지, 12색 마커(빨강, 주황, 노랑, 초록, 진한 초록, 청록, 파랑, 보라, 갈색, 고동, 분홍 검정)
 (2) 실시과정
   ① 검사자는 내담자에게 8절 흰색 도화지를 건넴. 종이의 가로와 세로의 사용에 영향을 주지 않기 위해 종이를 비스듬하게 제시함
   ② 지시문은 다음과 같음
   "사과나무에서 사과를 따는 사람의 그림을 그려주세요". 질문에 대해서는 '자유롭게 그리세요. 마음대로 표현하고 싶은 것을 그리면 됩니다'.

2. PPAT(사과따는 사람) 그림검사의 해석방법

 • Gantt & Tabone은 PPAT를 평가하는 기준으로 형식척도와 내용척도의 기준을 제시함

1) 형식척도

- FEATS(The Formal Elements Art Therapy Scale)는 임상에서 진단을 하고 치료의 효과성을 평가할 수 있도록 만든 것
- 그림의 형식적인 면을 측정하도록 되어있음
- 14개의 문항으로 되어 있으며, 0~5점으로 이루어진 6점 척도로 구성

번호	문항	내용
1	색칠정도	그림에 어느 정도 색칠을 했는가?
2	색의 적절성	그림에 사용된 색이 대상을 묘사하는데 적절한지 여부 평가
3	내적 에너지	그림을 그리는 데 사용된 에너지의 양
4	공간	그림이 차지하는 공간의 양
5	통합	사람, 나무, 사과의 3가지 기본적인 요소의 통합 여부
6	논리성	제시된 과제의 구성이 논리적인지 여부
7	사실성	각 항목이 사실적으로 그려진 정도 평가
8	문제해결력	사과를 얻기 위해 어떠한 노력을 하는지를 측정
9	발달단계	발달단계에 맞는 그림이 그려졌는지에 대한 평가
10	세부묘사와 주변환경	묘사의 충실성. 주변 환경과 대상과의 조화
11	선의 질	얼마나 선을 통제하는지를 평가
12	사람	인물화 평가에 기초함
13	기울기	기질적 정신장애와 관련한 변수를 찾지 위해 고안
14	의미 없이 반복되는 선	선의나 형태가 임 없이 그려졌는지를 평가

문항별 구체적인 평가내용

① 색칠정도

- 전체 그림에서 얼마나 많은 색을 사용했는가를 보고 평가함

평가기준	점수
그림을 전혀 그리지 않음	0
형태의 테두리에만 색을 사용	1
한 가지에 색칠이 되어 있음	2
두 개 이상의 항목에 색칠이 되어 있음	3
모든 대상에 색칠이 되어 있음	4
공간까지도 색칠이 되어 있음	5

② 색의 적절성

- 그림에 사용된 색이 대상을 나타내는 데 적절한 색인지 여부를 평가하는 것

- 전체 그림에서 얼마나 많은 색을 사용했는가를 보고 평가함

평가기준	점수
그림을 전혀 그리지 않음	0
한 가지 색 사용 : 파랑, 보라, 주황, 노랑, 분홍	1
한 가지 색 사용 : 빨강, 연두, 초록 갈색, 고동, 검정	2
몇 가지 색이 적합하게 사용됨	3
대부분 색이 적합하게 사용됨	4
모든 색이 적합하게 사용됨	5

③ 내적 에너지

- 내담자가 그림을 그리는 데 사용된 에너지의 양

- 검사자는 색칠의 정도, 선의 질, 공간의 사용 등을 통합적으로 분석하는 능력이 필요함

④ 공간

　- 그림을 그릴 때 사용한 공간의 양을 평가

평가기준	점수
그림을 전혀 그리지 않음	0
25% 미만의 공간을 사용함	1
25~50% 의 공간을 사용함	2
50% 이상의 공간을 사용함	3
75% 이상의 공간을 사용함	4
100%를 사용함	5

⑤ 통합

　- 그림의 각 항목(사람, 나무, 사과) 간에 전체적으로 관련성이 있고
　　균형을 이루고 있는 정도를 평가함

평가기준	점수
그림을 전혀 그리지 않음	0
전혀 통합되지 않음	1
최소 2개 요소가 가깝지만 관련성이 없음	2
두 가지 요소 간의 관계가 있음	3
3가지 이상 관련이 있음	4
전체적으로 균형을 이루며 잘 통합됨	5

⑥ 논리성

　- 제시된 과제에 적절한 구성의 논리적인 그림인지 비논리적인 그림
　　인지를 평가
　- 추상적인 사고력 손상의 정도를 평가

평가기준	점수
그림을 전혀 그리지 않음	0
적당하지 않은 요소 4개 이상	1
적당하지 않은 요소 3개 이상	2
적당하지 않은 요소 2개 이상	3
적당하지 않은 요소 1개 이상	4
완전히 논리적임	5

⑦ 사실성

 - 각 항목이 사실적으로 그려진 정도를 평가함

 - 그림의 발달 단계와도 연관

 - 대상의 형태 뿐 아니라 대상들과의 상대적인 크기 등도 고려

평가기준	점수
그림을 전혀 그리지 않음	0
사람이나 사과, 나무를 확인할 수 없음	1
그림의 항목은 구분 가능하나, 매우 단순한 단일 선으로 형태만 그림	2
항목이 어느 정도 구체적 임(예: 줄기, 가지, 잎을 가진 나무	3
비교적 사실적임	4
3차원적으로 잘 그려짐(예: 3차원 줄기를 나타내는 양감의 표현이 있음)	5

⑧ 문제해결력

 - 그림 속의 사람이 나무에서 사과를 얻기 위해 어떠한 노력을 하는가 측정

 - 사과나무에서 사과를 얻기 위해 보이는 문제해결 수준과 방법은 그

림을 그리는 사람의 현재 당면한 문제와 관련이 있고, 삶의 양식을
볼 수 있는 중요한 척도임

평가기준	점수
그림을 전혀 그리지 않음	0
사과가 손에도 바구니에도 없음	1
사람이 사과를 손이나 바구니에 가지고 있으나 어떻게 가졌는지 알 수 없으며, 사람이 사과나무를 향하고 있지 않음	2
사과를 가지고 있거나 땄지만 비현실적인 해결책을 사용함	3
사람은 땅에 있거나 다른 현실적인 받침(사다리, 바위)이 있고, 사과를 향하고 있음	4
사과를 손에 가지고 있음	5

⑨ 발달단계

- 인지적이거나 기질적인 장애가 있어 성인임에도 불구하고 유아적
  인 그림으로 보이는 그림의 경우를 구분하기 위해 사용
- Lowenfeld 발달단계에 따라 그림의 발달수준을 평가 함

평가기준	점수
그림을 전혀 그리지 않음	0
난화 형태	1
4~6세 : 기저선이 없고, 사람의 팔이 머리에서 나오고, 기하학적인 사람 표현	2
7세 이후 아동기 : 기저선이나 하늘선이 보이고, 대상은 기저선 위에 있음	3
청소년 수준의 그림 : 대상은 실제 크기이고, 다른 대상과 관계가 있으며 겹쳐지기도 함	4
성인 수준의 그림 : 예술적인 세련됨이 보임	5

⑩ 세부묘사와 배경

   - 환경 및 대상의 세부묘사는 주제에서 필수 요소는 아님

   - 주제에 세부묘사를 하고 주변 환경 및 대상을 조화롭게 그린 그림이

    가장 건강함

평가기준	점수
그림을 전혀 그리지 않음	0
단순하게 그려진 사람, 나무, 사과 외에 기타 묘사가 없음	1
사람, 나무, 사과 이외에 기저선이나 풀이 있음	2
사람, 나무, 사과가 있고 지평선이나 한두 개의 부가적 첨가물이 있음(예: 꽃, 해, 나비, 새 등)	3
주요 항목에 부가물이 있고, 많은 주변 환경물이 있음(예: 구름, 새, 다른 나무, 장식물, 머리띠, 허리띠 등)	4
모든 주요 항목에 부가물이 있고, 독창적이고 풍부한 주변환경 묘사	5

⑪ 선의 질

   - 선을 원하는 대로 얼마나 통제할 수 있는가를 봄

평가기준	점수
그림을 전혀 그리지 않음	0
산만하고 조절되지 않은 선	1
손의 떨림이 느껴지는 선	2
부분적으로는 잘 연결되어 있고, 일부분은 끊어지고 점으로 그려진 선	3
잘 조절된 선	4
지나치게 강하고 흐르는 듯한 선	5

⑫ 인물 표현

- 그린 사람의 신체상을 보여줌
- 신체상의 왜곡이 있는지 여부를 평가하며, 왜곡되거나 생략된 부분
  이 없는 3차원의 신체상을 그린 그림이 건강하다고 봄

평가기준	점수
그림을 전혀 그리지 않음	0
사람의 형태로 인식하기 어려운 경우	1
신체의 일부만 있거나 단순화된 상태	2
최소한 동그라미 머리 형태를 가진 막대기 형태의 사람이 있음	3
일부 손상된 신체상을 그림	4
생략된 부분이 없는 3차원적인 신체상을 그림	5

⑬ 기울기

- 나무, 사람의 표현에서의 기울기 측정
- 기질적 정신장애와 관련한 변수를 찾기 위해 고안, 아동에게 있어
  필수 요소는 아님
- 기울기가 뇌손상과 정서장애 환자에게서 나타날 수 있지만, 단일 단
  서로는 이용하지 않을 것을 언급

평가기준	점수
그림을 전혀 그리지 않음	0
많이 기울어짐(15°)	1
30°로 기울어짐	2
45°로 기울어짐	3
60°로 기울어짐	4
90°로 똑바로 섬	5

⑭ 의미 없는(선이나 형태의) 반복

  - 하나의 요소를 여러 번 반복적으로 묘사한 경우, 점이나 원 등을 계속적으로 그리거나 상동적인 행동을 반복하는 정도를 평가함

2) 내용척도

  - 그림 속의 내용을 질적으로 해석하여 평가함
  - 어떤 색을 사용했는지, 어떤 세부 묘사가 있었는지 구체적으로 평가함
  - 형식척도인 FEATS가 먼저 만들어지고, 내담자가 그림을 그리기 위해 쏟은 '포함된 에너지'와 그림 속 인물의 행동을 통해 보여주는 '실제적 에너지'를 분류하기 위해 내용척도를 첨가함
  - 내용척도를 통해 실제적 에너지 항목 외에 인물에 대한 구체적인 내용과 나무, 환경 및 기타 요소에 대한 척도를 포함하여 그림에서 더욱 다양한 정보를 얻을 수 있음

번호	내용
1	그림의 방향
2	그림에 사용된 색
3	사람의 유무
4	사람에 사용된 색
5	사람의 성
6	사람의 실제적인 에너지
7	사람의 얼굴 방향
8	나이
9	옷

10	사과나무(사과의 크기, 형태, 개수)
11	사과나무의 색
12	주변 환경의 묘사
13	다른 형태들(예: 글자나 숫자를 넣는 것 등)

* 각 항목에서 파악하는 구체적인 내용

① 용지의 방향

  - 가로 / 세로

② 전체 그림에 사용된 색의 수

  - 빨강, 노랑, 주황, 밝은 파랑, 파랑 연두, 녹색, 갈색, 고동, 분홍, 보라, 검정

③ 사람

  - 사람 없음 / 사람 있음

④ 사람에 사용된 색

  - 빨강, 노랑, 주황, 밝은 파랑, 파랑 연두, 녹색, 갈색, 고동, 분홍, 보라, 검정

⑤ 사람의 성

  - 평가할 수 없음

  - 모호한 남성 / 분명한 남성

  - 모호한 여성 / 분명한 여성

⑥ 사람의 실제적인 에너지

  - 엎드려 있음 / 앉아 있음

  - 땅에 서 있음 / 사다리(받침대)에 서 있음

- 방향 없음 / 사과나무를 향함

- 둥둥 떠 있음 / 매달려 있음

- 뛰어오름 / 뛰어내림

- 기어오름 / 날고 있음 / 기타

⑦ 사람의 얼굴 방향

 - 평가할 수 없음 / 정면 - 생김새 없음

 - 정면 - 생김새 있음 / 옆 얼굴

 - 얼굴의 ¾ 보임 / 뒷 모습

⑧ 나이

 - 평가할 수 없음 / 아기, 어린이

 - 청소년, 성인

⑨ 옷

 - 모자 / 옷이 없음(막대형 사람)

 - 나체 / 옷으로 추측됨

 - 잘 그려진 옷(사람과 다른 색으로 표현된 옷) / 전통의 상

⑩ 사과나무

 - 사과나무나 가지, 줄기가 분명하지 않음

 - 오로지 한 개의 사과만 있음

 - 나무줄기는 없고, 한 가지에 사과 한 개가 달려 있음

 - 나무줄기, 수관이 있으면서 사과가 한 개 달림

 - 2~10개의 사과

 - 10개가 넘는 사과

 - 사과가 수관의 가장자리에 위치

⑪ 사과나무의 색

  - 나무줄기 : 1. 갈색 2. 고동. 3. 검정 4. 기타 / 수관 : 1. 연두
  (진초록) 2. 기타

  - 사과 : 1. 빨강 2. 노랑 3. 주황 4. 연두(진초록) 5. 두 가지 색 이
  상 6. 기타

⑫ 주변 환경의 묘사

  - 자연물 : 1. 해, 일출, 일몰 2. 잔디와 지평선 3. 꽃 4. 다른 나무
  5. 구름, 비, 바람 6. 산과 언덕 7. 호수와 연못 8. 시냇물, 강, 작
  은 내 9. 하늘 10. 무지개

  - 동물 : 1. 개 2. 고양이 3. 소, 양, 농장동물들 4. 나비 5. 기타 6.
  상상의 동물

  무생물 : 1. 울타리 2. 집 3. 길, 도로 4. 자동차, 트럭, 마차 기타
  5. 사다리 6. 바구니, 상자, 컨테이너 7. 사과 따는 기구, 막대기
  8. 사인 9. 기타 다른 형태들

  - 글쓰기

  - 숫자

  - 기하학적인 형태

  - 표면상의 무질서한 기호들

  - 기타

8. PSCD(동그라미 중심 가족화)검사

I. PSCD(동그라미 중심 가족화) 검사의 이론적 배경 및 개요

1. PSCD(동그라미 중심 가족화) 검사의 이론적 배경

1) 동그라미 중심 가족화 검사의 이론적 배경
- 동그라미 중심 가족화(PSCD : Parents Self Centered Drawing)는 1990년 Burns에 의해 처음 개발된 기법
- 지시한 사람을 원의 중심에 그린 후에 각 인물은 중심인물 주위에 그려지게 됨
- 미술활동의 한 방법으로, 사람들에게 내재되어 있는 부모와의 관계를 통해 자기 자신을 바라보도록 하는 방법임
- 동그라미는 인간의 이상적인 원만한 성격을 상징, 인생의 중심이 부모로부터 형성되고 성장함으로써 자신이 중심이 되는 인간의 성장과정과 부합됨
- 원이 있으므로 다소 편안한 마음으로 그림 활동을 시도하게 해 줌

2) 동그라미 중심 가족화 검사의 개요

- 동그라미 중심 가족화는 반응이 자유이기 때문에 부모-자녀관계의 여러 측면을 동시에 관찰할 수 있고, 부모-자녀관계의 역동이나 구조를 파악할 수 있음
- 부모와 자신은 현실에서의 부모가 아니라 심리적 부모와 자신임
- 부모와 자신을 통해 보다 깊은 심리적 해석이 가능
- 내재된 부모와 접촉할 수 있는 방법으로 언어를 사용
  - 부모에 대한 이야기를 하는 방법과 그림, 상징체계를 통한 방법이 있음
  - 시각적인 자유연상을 기본으로 하고 있으며, 상징에서 추상화된 사고와 정서를 발견할 수 있음
- 부모와 자기 자신의 주위에 그려진 상징 안에서 그것들로부터 연상된 상징 중심 탐색을 할 수 있음
- 부모-자녀관계의 과거나 현재 상황에 관계되는 생각과 감정 또는 미래에 대한 생각까지 표현할 수 있음
  - 관찰하기 어려운 부모-자녀관계에 대한 개인의 인식을 알아볼 수 있음
- 그림에 의한 표현이므로 사회적으로 수용되며, 해롭지 않은 방식으로 분노, 적대감 등을 해소시킬 수 있는 정화의 기능을 줌
  - 개인의 무의식적인 갈등, 정신 역동을 파악할 수 있게 해줌

3) 동그라미 중심 가족화 검사의 목표

- 부모-자식의 관계, 자기 자신을 바라볼 수 있으며, 부모-자녀관계의 과거나 현재 상황에 관계되는 .감정이나 생각 또는 미래에 대한 인식까지도 알아볼 수 있음

2. PSCD(동그라미 중심 가족화) 검사의 장점

1) 동그라미 중심 부모-자녀 그림의 장점

- 가운데 원이 있으므로 빈 공간일 때보다 편안한 마음으로 그림을 시작할 수 있고, 원은 어디에서나 균형이 잡혀 있기 때문에 통일감, 균형감, 원만함을 줌
- 검사 시 부담감을 줄일 수 있음
- 현실의 부모가 아니라 심리적 부모상과 심리적 자신을 보게 해 줌
- 인물상 주위의 상징을 통해 연상을 기본으로 추상화된 사고와 감정의 탐색을 가능하게 해줌
- 부모-자녀관계의 여러 측면을 동시에 관찰할 수 있어 특정 개인의 전체이면서, 부모-자녀 관계의 역동이나 구조를 파악할 수 있음
- 구체적인 유형의 자료가 남아 자신의 그림을 객관화시켜 볼 수 있음
- 부모에 대한 분노, 적대감정 등을 정신적 손상 없이 해소할 수 있는 정화의 기능 제공 함
- 작품을 통해 부모-자녀관계에 대해 이야기할 기회가 제공, 이미지를 언어로 인식할 수 있게 해줌
- 보관이 가능하여 작품을 재검토하여 치료의 효과를 높일 수 있음
- 동그라미 중심 부모-자녀 그림에서는 공간적인 것과 시간적인 요소를 동시에 표현하게 됨

1. PSCD(동그라미 중심 가족화)검사의 실시방법

1) PSCD(동그라미 중심 가족화) 그림검사의 실시방법

 (1) 준비물

   동그라미가 그려진 용지, A4용지, 연필, 지우개

 (2) 실시과정

  ① 원이 그려진 용지를 제시하고 다음의 지시사항에 따라 그림을 그리게 함

   "원의 중심에 부모와 자신을 그려보세요. 막대기나 만화 같은 그림이 아닌 전신상을 그려주세요.

   그린 후에는 부모와 자신의 연상되는 상징을 원의 주위나 인물상의 주위에 그려주세요".

   * 어떤 제한도 하지 않으며, 그리는 동안 개입하지 않을 것

  ② 부모와 자신에 관해 연상되는 상징을 원 주위에 그리게 함

  ③ 시간제한은 하지 않아도 되지만, 10~30분 정도 소요됨

  ④ 그리는 도중 내담자의 여러 가지 질문에 대해서는 '자유입니다. 그리고 싶은 대로 그리세요'. 라고 대답하고, 그림에 대한 암시를 주어서는 안 됨

  ⑤ 그림을 다 그린 후 그림에 대해 "당신이 그린 그림에 대해 설명을 해주시겠어요?" "이 그림은 무엇입니까?" 라고 질문하고, 자신이

생각하는 부모의 특성과 부모와의 관계 등에 대해 이야기를 나눔

* 그림에 대한 설명, 인물, 나이, 각 인물의 행동 등에 대한 질문을 해서 확인함

2. PSCD(동그라미 중심 가족화) 그림검사의 해석방법

1) PSCD(동그라미 중심 가족화) 그림검사의 해석

(1) 일반적인 기준

① 인물들 간의 상대적 크기 : 인물에 대한 권위나 심리적 영향의 크기, 그 인물의 내부에 포함되어 미치는 힘의 양과 비례

② 얼굴표정 : 웃고 있는 인물에게 호감 있음

③ 인물 간의 거리 : 친밀감과 심리적인 거리

④ 인물의 얼굴 방향 : 가족관계의 방향성을 알 수 있음

　- 앞모습은 긍정적인 가족관계

　- 옆모습은 반긍정적이거나 반부정적

　- 뒷모습은 부정적인 가족관계

⑤ 인물의 위치 : 누가 중심에 위치해 있는지를 파악함으로써 가족 내 중심인물을 알 수 있음

⑥ 부분적인 신체의 생략과 과장

　- 눈- 생략은 보고 싶지 않은 마음, 과장은 지나친 호기심과 과다한 경계

　- 코- 생략은 분노의 마음을 나타냄. 과장은 외부에 대한 강한 분노

의 표현

- 입- 생략은 의존하고자 하는 욕구를 나타내지 않으려는 것, 강조
는 의존하고자 하는 욕구의 표현
- 목- 생략은 강한 의지와 완고함, 강조는 의존하고자 하는 욕구의
표현
- 발- 생략은 불안정한 마음과 자기 통제가 부족함. 강조는 안정에
대한 욕구
- 허리 밑 부분- 생략은 성에 관한 부정
⑦ 인물과 관련된 상징물 : 긍정적인 상징물의 개수가 많으면 긍정적

(2) 건강하지 않고 역기능적인 부모-자녀 그림의 특징
① 아버지, 어머니, 자신을 지나치게 크게 그림
② 인물 중 얼굴 표정이 울고 있거나 불행하거나 생략
③ 인물들이 서로 멀리 떨어져 있음
④ 동그라미 중심에 자기 자신보다는 아버지나 어머니를 그리거나 중
심에 아무것도 그리지 않음
⑤ 부모가 자신을 향해 있지 않거나, 눈을 그리지 않거나, 앞만 보고
있음
⑥ 부모와 자신이 신체가 생략되거나 지나치게 강조
⑦ 인물과 관련된 상징물이 부정적이거나 상징의 수가 적음
⑧ 부모-자녀관계가 화목하지 않아 전체적으로 불안정하게 그려짐

(3) 건강하고 기능적인 부모-자녀 그림의 특징

① 아버지, 어머니, 자기 자신을 지나치게 크게 그리거나 왜곡해서 그
리지 않음

② 인물들의 얼굴 표정이 웃고 있거나 행복한 모습으로 나타냄

③ 인물들이 서로 적당히 인접하여 친밀감을 가짐

④ 동그라미의 중심에 자기 자신을 그림

⑤ 부모가 자신을 향하여 보고 있음

⑥ 부모와 자신의 신체를 생략하거나 지나치게 과장하지 않음

⑦ 인물과 관련된 상징물이 긍정적이거나 상징의 수가 많음

⑧ 부모-자녀관계가 화목하며, 전체적으로 안정되게 그려져 있음

(4) 인물과 관련된 상징

① 연필
- 가장 친근하고 친숙함이 있는 자기표현을 위한 용구의 하나
- 내담자가 당면한 문제나 그림 속에서 '연필이 무엇을 위해 이용되
고 있는가?' 하는 관점에서 해석되어야 함
- 자기방어 같은 합리화의 기제와 관련하는 경우가 많음

② 서적
- 교과서인지 만화책인지에 따라 의미가 달라짐
- 교과서는 가족으로 부터의 기대와 강요되는 모습
- 만화책은 퇴행과의 관련 등이 검토되어야 함
- 서적은 합리화와 관계되는 것이 확실함

③ 노트
- 연필과 함께 그려지는 경우가 많음

- 해석상의 의미는 연필에 준하는 것이며, 각각의 경우 개별적인 의미의 검토가 필요함

④ 드림
- 분노를 밖으로 표현하는 것이 곤란하여 자신의 분노를 드림으로 대체하려는 사람들의 그림에 나타남

⑤ 단추
- 단추가 그려진 인물에 대한 애착과 의존을 나타냄

⑥ 의자
- 크기나 등받이 부분, 팔걸이 부분으로 교묘하게 사용자를 둘러싸 포위 양식을 나타내어 고립이나 소외감을 나타냄
- 등받이 부분이 그려진 경우 인물상은 후두 부분만 보여 인물에 대한 거부감을 표시하고 있음

⑦ 완구
- 피험자의 퇴행 기분과 관련되는 것

⑧ 책상
- 개인적 사용을 의미, 그 인물의 고립, 격리 등을 나타냄
- 책상은 적응아보다 부적응아에게 두 배 이상의 출현율을 보임
- 정신장애자와 비행자에게 많이 그려짐

⑨ 모자
- 자기방어를 의미하기도 하며, 수동적인 태도와 관련되는 것

⑩ 공
- 힘을 상징
- 현재 상태의 힘(공격)이나 현실화되지 않은 폐쇄상태에 있는 힘(갈

등) 등 여러 상황의 힘을 나타냄

⑪ 다리미

- 어머니의 따뜻한 애정을 의미하게 되는 경우가 많음
- 어머니의 과잉 혹은 표현방법이 적절하지 못한 애정, 관심, 주의
  등을 피험자가 인지하고 있는 것으로 해석하는 것이 적절함

⑫ 편물

- 따스한 애정을 느낄 수 있으나, 다른 사람과의 상호작용을 하지 않
  는 경우가 많음

⑬ 앞치마

- 가정에서 여성적 과업의 수행을 나타낼 때 그려지는 일이 많음
- 어머니에 대한 역할 기대를 의미
- 안정감, 생존의 보장을 의미하기도 함
- 반면 옷에 의한 포위라고도 할 수 있어, 역할 행동이 단순히 의무
  적으로 행해지고 있는 듯한 경우

⑭ 음식

- 일차적인 생리욕구의 충족에 관계하는 사물의 묘사는 그 욕구충족
  을 항상 가정에서 구하고자 함
- 피험자의 퇴행 기분과의 관련성도 지적할 수 있음

⑮ 식기, 찻잔

- 아동의 섭식욕구 충족을 의미하는 것
- 임상군에서 많이 표현됨
- 가족 전체의 식사장면에서 묘사되는 경우에는 긍정적인 의미를 가
  짐

⑯ 세탁물

- 가족생활에 있어 물적 관계에 중점을 두는 어머니의 태도와 관련

- 다시 시작함이나 재생을 상징하는 일도 있음

⑰ 청소기

- 지배적이고 통제적이며, 거부적인 태도

⑱ 가구

- 따뜻한 마음의 연결이 빈약하다고 느껴지는 피험자에게 많이 보임

- 외적 측면을 기대하려는 경향이 너무 강한 어머니의 태도와 관련

⑲ 부엌, 싱크대

- 섭식욕구의 충족이라고 할 수 있는 가정의 일차적인 기능과 관련
  되는 것

- 음식물을 먹는 것에 강한 관심이 있는 경우와 그 같은 욕구가 안정
  적으로 만족되지 않는 경우와 불안감을 안고 있는 경우

⑳ 냉장고

- 식욕, 피양육 욕구를 만족시키기 위한 재료의 모습과 동시에 차가
  움이라는 양면적인 성질을 가짐

㉑ 침구

- 거부감정과 퇴행, 억울한 감정 등을 나타냄

- 침구는 해당 인물을 포위하기도 함

㉒ 빗자루, 먼지떨이

- 팔의 연장이 되고, 그 인물의 지배 범위를 확장하는 것

- 지배, 통제하는 역할을 담당하고 있는 인물을 상징하고, 때로는 공
  격과 거부의 감정을 의미하는 것이 됨

㉓ 쓰레기

  - 폐기물로 바라지 않는 존재를 나타내기도 함

  - 그 존재를 수용하기 어려운, 갓 태어난 아기에게 행해지는 공격적
    감정 같은 것

㉔ 비

  - 물은 억울한 감정과 관련됨

  - 청년기의 피험자에 의해 그려지며, 발달단계 특유의 억울한 기분
    을 상징하고 있다고 생각할 수 있음

㉕ 자동차

  - 심리적. 물리적 격리를 의미함

  - 승차하고 있는 사람은 포위 양식이고, 다른 성원과의 격리를 표현
    하는 것이 됨

㉖ 방망이

  - 팔의 연장으로 힘이나 공격을 의미함

㉗ 줄넘기

  - 해당 인물에 대해 포위 양식을 그려짐

  - 인물의 갈등, 자기고착 등의 의미함

㉘ 꽃

  - 아름다움과 사랑을 상징함

  - 성장과정을 나타내기도함

  - 여아가 그린 경우 여성스러움을 의미하는 일이 많음

㉙ 나비

  - 사랑이나 아름다움을 상징

- 태양이나 꽃이 의미하는 것보다 더 공상화된 심정을 표현 함
㉚ 고양이, 개
  - 고양이- 부드러움과 공격이라고 하는 불균형적인 태도와 양가적 감정을 상징하고 있음
  - 개- 충성심과 공격성을 의미
  - 고양이는 여아, 개는 남아에 의해 그려지는 경우가 많음
㉛ 별
  - 별은 차갑고 멀리 있는 것으로 물심양면에 있어서 박탈과 관계됨

III. PSCDD(동그라미 중심 가족화)검사의 사례 및 보고서 작성

9. 기타 가족검사

1. 동물 가족화(AFD) 검사의 이론적 배경 및 실시

1) 동물 가족화 검사의 이론적 배경 및 개요

- 동물 가족화(AFD : Animal Family Drawing)는 Berm-Graser (1967)에 의해 개발된 기법

- 그림 진단의 한 기법으로, 내담자에게 가족의 구성원을 동물로 표현하도록 하여 가족의 성격 특성 및 가족 간의 역동성을 알아보는 것임

- C.G. Jung 은 꿈이나 그림에서 나타난 동물은 무의식을 행하는 자신의 마음가짐을 나타낸다고 하여 동물의 상징을 '무의식적인 자기 모습'이라 했음

- 동물 가족화는 방어적이거나 그림 그리기에 어려움을 겪는 대상에게 유용하게 사용됨

- 아동, 청소년, 성인에게도 가족의 투사가 잘 이루어지므로 무의식 속

의 가족상이 잘 반영되는 장점을 가지고 있음

2) 동물 가족화(AFD)의 목표
- 가족구성원을 동물에 투사하여 그림으로써 가족의 성격 특성 및 가족 간의 역동성을 파악함

3) 동물 가족화(AFD)의 실시방법
(1) 준비물
- 종이(A4, 8절 용지 등), 크레파스, 풀, 가위, 동물 그림
- 동물 그림은 표현이 어려운 대상에게 제시할 수 있으며, 동물 스티커 형식으로 붙여 사용할 수 도 있음
- 그림의 표현이 자유로운 상태에서 투사가 잘 이루어지므로 표현에 특별히 어려움이 없다면 그림을 제시하지 않음

(2) 실시방법
① 가족구성원의 성격, 역할, 가족 내에서의 위치 등을 생각하게 함
② 지시 사항에 따라 가족을 자신이 그리고 싶은 동물 모양으로 그리도록 함

　"우리 집 식구들을 동물로 생각하고 그려보세요. 옛날이야기 속에서 자주 동물이 사람으로 변하기도 하고 사람이 동물로 변하기도 하지요? 자, 가족이 동물로 변했다고 상상해보세요. 가족을 동물로 표현할 수 있을까요? 자신은 물로 가족을 동물로 그려보세요".

③ 만약 그림을 그리지 못할 경우에는 동물 그림을 주고 오려 붙이도록 해도 되지만, 가능한 한 직접 그리도록 하는 것이 좋음

* 동물의 표정, 크기, 방향 등이 다를 수 있어 직접 그리는 것이 내담자의 다양하고 정확한 정보를 파악할 수 있기 때문임

  ④ 그림 모양이나 크기, 위치, 방법에 대해서는 어떠한 단서를 주어서는 안됨

  ⑤ 그림을 그린 후 그린 순서와 그림 속의 인물이 누구인지에 대해 적게 함

  ⑥ 그림에 대한 설명을 들은 후 관련된 질문을 하고 내담자의 반응에 대해 서로 이야기를 나눔

2. 동물 가족화(AFD) 검사의 해석방법

1) 내용에 따른 해석

① 필적학적 분석(선의 성질 등) - 그리고 있는 상황을 봄

② 동물을 그린 순서

③ 동물의 종류(같은 종류의 동물인지) - 같은 종류가 아닌 경우 구성원과 상호작용이 잘 이뤄지지 않을 수 있음

④ 그려진 동물가족의 상호관계(집단 구성)

⑤ 동물의 성격(싱징적인 것 포함) - 내담자에게 질문하여 가족과 동물을 왜 연결시켰는지 질문하거나 써보게 하여 알 수 있음

⑥ 내담자가 가지고 있는 문제성에 대한 종합적 해석

2) 동물 가족화에 표현된 '본인과 가족관계'의 분류

① 고립형

　- 본인을 마지막으로 작게 그리며 떨어져 있고, 동물의 종류가 다르며, 다른 쪽을 보고 있고, 표정이 다름 → 고립, 위축, 약자, 이질

② 병렬형

　- 가족 전체를 쭉 나열하여 비슷한 크기, 모습, 형태로 그림

　- 개개인의 특성이 불명확, 감정 억압과 미분화

　- 감정의 미분화 시 가족과 분리되더라도 새로운 가족과 문제를 가져올 수 있음(자신의 감정표현을 억제 당함)

③ 지배형

　- 본인을 상부에 그리고 위에서 내려다 보며 날아다니고 있거나, 강한 동물, 손톱, 부리, 이빨 등의 공격성 표현 → 자신이 지배함, 고립감, 공격성

④ 자기 중심형

　- 본인을 가장 먼저 크게 그리거나 한가운데에 그리며, 양친 사이에 자식이 가로막고 있거나 포유류 가족 → 자기중심, 보호, 주목, 일체감

⑤ 부모 지배형

　- 부모가 크고 위쪽에 위치하여 누르고 있으며 포악, 강한 동물, 손톱, 부리, 이빨 등의 공격성 표현(단, 부모가 약한 동물로 위에 있을 시에는 해당하지 않음) → 절대힘의 지배, 부모의 위압, 협박, 본인의 위축

⑥ 거부형

　- 묘화를 중단시킴(그리는 것을 힘들어 할 경우 그림 붙이기) → 감정의 표현 거부, 가족 이미지이 미성립

⑦ 기타

3) 상담과정으로의 적용

- 동물가족화는 동물이 주는 상징적인 의미가 있으므로 언어능력이 부족하고 연령이 어린 유아와 아동의 경우 효과적일 수 있음
- 가족구성원들을 특정 동물로 표현한 배경과 이유에 대해 질문하고 이야기를 나눔
- 표현이 가장 어려웠건 사람은 누구인지, 어떤 부분이 힘들었는지 나눔
- 다른 가족은 자신을 어떤 동물로 표현할 수 있을지 나눠 봄
- 그림을 그리는 부분에서의 행동에 대해 이야기를 나눔
- 동물 가족화는 특히, 유.아동의 심리검사에 도움이 됨
- 표현이 어려운 대상에게는 사진이나 그림 자료들을 활용함
- 자료를 활용할 경우 표정이 나오지 않을 수 있어 대상에 대한 여러 질문, 예로
  - 무엇을 하고 있는지
  - 성격이 어떤지
  - 나와의 관계가 어떤지 등 적절한 질문을 하도록 함

II. 동적 물고기 가족화(KFFD) 검사의 이론적 배경 및 실시방법

1. 동적 물고기 가족화(KFFD) 검사의 이론적 배경 및 개요

1) 동적 물고기 가족화(KFFD)의 이론적 배경과 개요

- 동적 물고기 가족화(KFFD : Kinetic Fishes Family Drawing)는 어항 이라는 제시된 공간에 물고기들이 무엇인가를 하고 있는 모습을 그림
- 가족 간의 역동성을 보고자 하는 투사적 그림검사 기법임
- 가족을 은유적인 방법으로 '물고기'로 표현하여 어항과 물고기라는 제한적 범위를 설정함
- 가족구성원에 대해 가질 수 있는 방어나 저항을 줄일 수 있는 장점을 가짐
- 동물 가족화에 비해 물고기라는 단일 대상이 한계로 인한 제한점을 가지고 있으나, 쉽게 접근할 수 있는 매개로 현재 가족의 모습이나 가족에 대한 생각과 감정을 쉽게 파악할 수 있음

2) 동적 물고기 가족화(KFFD)의 목표

- 가족구성원의 표현을 물고기라는 대상으로 바꿈으로 특정 대상에 대한 방어나 저항을 줄여 내담자와 가족구성원 간의 역동성을 파악하는 데 유용한 도구임

3) 동적 물고기 가족화(KFFD)의 실시방법

(1) 준비물

- 어항 그림이 그려진 A4용지, 연필, 지우개

(2) 실시과정

① 검사자가 어항 그림이 그려진 A4용지를 내담자에게 건네줌

② '어항에 물고기 가족을 그립니다. 물고기 가족이 무엇인가 하고 있는 그림을 그리세요. 그리고 어항 속에 꾸미고 싶은 것을 자유롭게 그려주세요'라고 지시함

③ 그림이 완성되면 물고기를 그린 순서, 물고기 가족이 무엇을 하고 있는지, 그림에 특이사항이 있을 경우 그것이 무엇인지 등을 질문함

2. 동적 물고기 가족화(KFFD) 검사의 해석방법

1) 동적 물고기 가족화(KFFD)의 해석기준

표현된 모양		해석
어항의 형태 및 공간 구성	안정된 정서	• 어항과 물고기가 조화를 이룸 • 동적인 움직임이 있으며, 공간 구성이 안정되어 있는 상태
	불안정한 정서	• 주어진 어항 도식 외 손잡이나 받침과 같이 가필을 했을 경우 • 깨어진 어항의 표현은 가정해체, 심각한 갈등이나 분열 조짐, 외부로부터 도움을 요청하는 안전에 대한 욕구
	자기중심적	• 나를 중심으로 그리며, 나를 위에 그렸을 경우 • 나를 중심을 수직선으로 그렸을 때 – 권위적 • 나를 중심으로 수평으로 그렸을 때 – 친밀한 관계
	대인관계	• 주변장식을 하지 않고 물고기만 그렸을 때 – 인간관계에 대한 고민이나 관심도 표현 • 주변 장식에 치중할 때 – 사회화에 대한 관심도 표현

물고기의 형태	물고기의 크기	• 지나치게 크게 그렸을 경우 – 자기주도적, 자기중심적, 외향적 성격 • 지나치게 작게 그렸을 경우 – 자아축소, 내향적 성향 • 중심에 모양을 넣어 화려하게 그렸을 경우 – 감정적, 감각적
	무리 지은 물고기 형태	• 무리 지은 물고기의 형태 – 원만한 대인관계, 풍부한 애정적 성향 • 아래로 집중되어 무리 지은 형태 – 사고적 성격 • 위로 집중되어 무리 지은 형태 – 행동적인 면을 더 중시하는 성격 • 이를 드러낸 물고기 – 부정적, 억압으로 인해 정서 상태가 공격적인 상태 표현
	물고기의 모양	• 아기물고기, 임신한 물고기, 새끼집 – 유아기적 퇴행과 모성회귀 욕구, 자신감의 결여 • 그리다가 지워진 부분 –심리적 원인이 숨어 있음
물풀과 자갈	열등감 대인관계 장애	• 물풀이 물고기 보다 지나치게 무성하거나 자갈을 크게 그릴 때 • 물 위에 떠 있는 연잎이나 수련 잎을 크게 그릴 때 • 어항 밖으로 무성하게 뻗은 수초를 그릴 때
산소기와 물방울	성격	• 산소기는 의존적인 성격을 나타냄 • 큰 물방울 – 둔감한 성격 • 작은 물방울 – 타인의 태도 여하에 민감한 성격
	분출욕구	• 물이 어항에 가득한데도 밖으로부터 연결된 물 호수는 억압으로 부터의 분출 욕구를 나타냄
	정서 상태	• 물이 어항의 2/3 정도 차게 그린 경우 – 정서적 안정 • 물이 어항의 절반 이하로 그려진 모양 – 정서적 결핍 • 풀 뒤에 숨음 – 열등감
기타		• 어항을 보고 있는 사람이나 어항에 눈을 그림 – 감시, 타인을 의식하는 사람 • 큰 돌 – 근심, 걱정 • 화려한 그림 – 감정적, 적개심, 유행에 민감

가족체계진단법

I. 가족치료와 미술치료의 관계

- 가족미술치료는 가족을 하나의 체계로 보고, 그 체계 안의 상호작용 양상에 변화를 주어 개인의 증상이나 행동에 새로운 변화가 일어나도록 추구하는 가족치료에 미술치료의 양식을 도입하여 가족을 탐색하고 평가하여 치료적인 개입과정으로 이끌어 가는 가족심리치료 방법임

- 가족미술치료는 미술체험으로 자신이 경험한 것을 자연스럽게 표현하고 의미를 부여해 새로운 방법으로 서로 교제할 기회를 갖기 때문에 새로운 역할과 의사소통 양식을 연습할 기회를 가질 수 있음

- 가족의 문제점을 인식하고 통찰하는 가운데 개별 구성원 및 가족 전체의 기능을 강화시키고 성장시키며 가족관계의 긍정적인 변화와 바람직한 성장을 돕는 전문적인 접근 방법으로 가족치료 보다 적절하며 효율적인 치료형태라 할 수 있음

- 가족미술치료에서 미술작업은 집단의 초자아 방어나 통제를 줄이고, 상호작용을 촉진하여 상징적인 이미지에 의해 무의식적 감정을 표현시키므로 언어가 충분히 발달하지 않은 아동도 참가할 수 있고, 치료사도 함께 참가하여 가족 내의 갈등을 직접 관찰할 수 있음 ⇒가족 간의 의사소통 매개로서의 미술치료는 다양한 기법이 개발되었음

- 가족미술치료를 통한 다양한 표현활동은 가족구성원으로 하여금 가족 문제를 각 구성원의 입장에서 볼 수 있도록 함으로써 가족구성원 개개 인의 심리적 문제 해결과 가족기능 향상을 돕는 효율적인 접근방법임

〈가족미술치료에서 미술작업이 가지는 치료적인 가치〉

① 가족문제의 진단을 돕고 상호작용을 증진시키며 리허설 도구가 될 수 있음

② 미술작업은 무의식적인 의사소통과 의식적인 의사소통을 표출해 내 는 수단이 될 수 있음

③ 가족역동의 지속적인 증거가 될 수 있는 미술작품이 있음

- 가족미술치료에서 가족이 공동으로 만들어 낸 최초의 작품은 가족 기본 구조의 청사진으로 이해함

- 가족이 함께하는 미술작업은 마음속에 숨겼던 내용을 은유적으로 표면 화하기 때문에 강한 감정을 불러일으키고 정면 대립을 초래하거나, 가 족이나 개인의 비밀을 알아내는 기법을 사용하는데 신중함이 필요함

- 참여자들이 위협적이지 않은 미술체험을 통해 새로운 방법으로 작 업할 수 있는 기회를 가질 수 있기 때문에 상호관계를 촉진하고, 개 방적 태도를 가지게 하며, 직관력을 키워주고, 새로운 기술을 채택 할 수 있도록 도움을 줌

- 가족이 함께하는 미술작업은 협력하는 노력이 즐거울 수 있다는 경 험을 줌으로써 가족에게 자체적인 힘을 발견할 수 있는 수단을 제 공해 주고 긍정적 변화를 위한 촉매제 역할을 하게 함

- 미술매체는 자유롭게 자기표현을 할 수 있으며 심리적인 방어를 저하

시키고, 정서상태를 조절하여 자유롭게 자기표현을 할 수 있도록 이끄는 부가적인 목적을 이루게 함

〈미술체험이 주는 두 가지 잠재력〉
• 특정문제와 관련된 정서들은 미술작품의 구체성에 의해 구체화 됨
• 미술작업의 결과물은 치료자뿐만 아니라 가족에게 구체적인 증거를 제공함

1) 가족체계진단
- 가족미술치료 상황에서 치료자가 내담자 가족을 위한 필수적인 탐색 도구로 사용하는 미술과제로서 가족에게 상호작용을 경험하도록 도움
- 이 기법은 일차적으로는 과정을 통해서, 이차적으로는 내용을 통해서 고찰됨
- 목표: 상담초기에 가족관계나 부부, 부모-자녀관계에서의 역동이나 동맹, 권위를 파악함
  재료: 전지. 도화지. 크레파스. 매직펜
- 방법
- 첫째, 비언어적 공동 미술과제, 둘째, 비언어적 가족 미술과제, 셋째, 언어적 가족 미술과제
〈관찰 시 유의 사항〉
- 누가 그림을 처음 시작했으며, 처음 시작하도록 이끈 과정은 무엇이 있었는가?
- 구성원 중의 나머지 사람들은 어떤 순서로 참가했는가?

- 어느 구성원의 제안이 채택되었으며, 어느 구성원의 제안은 무시 되었는가
- 각자의 개입 정도는 어떠했는가
- 반대편 사람들과 자기 편 사람들 중에 미술과업에 참여하지 않은 사람은 누구인가
- 그림 위에 다시 첨가함으로써 처음 사람이 한 것을 지워 버린 사람은 누구였는가
- 구성원들은 교대로 했는가, 집단으로 했는가, 두 가지를 동시에 했는가
- 각자의 위치는 어떠했는가
- 방법에 있어서 변화가 있었다면 무엇이 변화를 촉진했는가
- 각자는 얼마나 많은 공간을 차지 했는가
- 각자의 분담이 상징적으로 의미하는 것은 무엇인가
- 어느 구성원이 독자적으로 행동했는가
- 누가 시초자로 행동했는가
- 누가 추종자 혹은 반응자 였는가
- 정서적 반응들이 있었는가
- 가족의 작업형태는 협동적, 개별적, 혹은 비협조적이었는가
  ·· 아의 강약, 행동형태, 할당한 역할, 의사소통 유형, 가족의 상호작용 형태를 포함하여 가족체계에 관한 정보를 제공함
  ·· 치료사는 그림이 완성됨에 따라 가족이 지금-여기의 경험에 초점을 맞추도록 관찰한 것을 언급해야 하며, 참가자의 역할에 대해 토론을 하도록 함
  ·· 이를 통해 가족은 자기반성을 하게 됨